Umschlag:

Um das Jahr 1505 formulierte Leonardo da Vinci die Summe seiner Erkenntnisse über den Flug der Vögel. Das Ergebnis der dreißig Jahre währenden Studien zum Phänomen dieses Schauspiels kennt auch eine Suite komplexer Federzeichnungen.

»Sul volo degli uccelli«, der Vögel Flug, gehörte zu einem Konvolut, das Leonardo seinem Lieblingsschüler Francesco Melzi vermachte. Ein Codex, der heute zum Besitz der Biblioteca Reale von Turin gehört.

Details dieser Imagination illustrieren und begleiten 500 Jahre nach ihrer Entstehung synonym den Begriff des »Schwingens« in den Aphorismen Raphaels.

RAPHAEL

DER DREIFACHE FEUERWEG

GEDANKEN DIE SCHWINGEN

APHORISMEN
ZU ALCHEMIE, ÄSTHETIK UND METAPHYSIK

Titel der Originalausgabe:
La Triplice Via del Fuoco

ISBN 88-85405-02-9

Deutsche Ausgabe – 1. Auflage 2005

Postfach 101849, D-33518 Bielefeld
info@j-kamphausen.de
www.weltinnenraum.de

Übersetzung: Beate Schleep
Typographie & Satz: Gruppo Kevala
Umschlag: Gruppo Kevala
Druck: Henrich Druck + Medien GmbH, Frankfurt

1. Auflage 2005
Die Deutsche Bibliothek – CIP-Einheitsaufnahme

Ein Titelsatz für diese Publikation
ist bei der Deutschen Bibliothek erhältlich

ISBN 3-89901-063-9

Inhalt

O Yama,
der du das Feuer kennst, das zum Himmel führt,
enthülle es mir, der ich voll Glauben bin.

Ich werde dich, o Nachiketas,
jenes Feuer lehren, das zum Himmel erhebt.
Wisse, das Feuer ist das Mittel
zur Erlangung unendlicher Welten.
Es bildet ihre Grundlage
und ist verborgen an einem geheimen Ort.

So enthüllte er ihm jenes Feuer, Ursprung der Welt.

Kaṭha Upaniṣad I, I, 13-15

Einführung

Der »Feuerweg« von Raphael ist jener *praktische Weg*, auf dem das Feuer angezündet, beherrscht, gelenkt und dann ausgelöscht wird.

Raphael konkretisiert den Verwirklichungsprozess getreu der initiatischen Überlieferung auf drei praktischen Linien, damit jeder Suchende den Weg finden kann, der den eigenen Qualifikationen am meisten entspricht:

– Verwirklichung gemäß der Alchemie
(Teil I, 1. Kapitel)

– Verwirklichung gemäß der Liebe des Schönen
(Teil I, 2. Kapitel)

– Verwirklichung gemäß der Metaphysik der Überlieferung
(Teil I, 3. Kapitel)

Was versteht Raphael unter Alchemie? – Die *Transmutation* von Blei in leuchtendes und strahlendes Gold, die Verwandlung all unserer individualisierten psychophysischen Kräfte in universale Kräfte. Das verlangt eine grundlegende *Rektifikation* und Destillation unseres individualisierten irdischen Feuers, damit es zu einem Feuer werden kann, das alles durchdringt, erleuchtet und auflöst.

Wenn das Individuum, das sich an der äußersten Peripherie des Lebenskosmos festgesetzt hat, durch einen Akt der Umkehr, Konversion und Rektifikation wieder ins polare Zentrum eintritt, löst es sich als einfaches Individuum-Wesen, das den karmischen Strömungen ausgeliefert ist, im universalen Menschen (*Adam Kadmon*) auf und verankert sich im eigenen Herzen und somit im Herzen des Ganzen.

Dieses Gewahrsein von Wiedererwachen erlangt der Schüler, wenn er die Stufen des Werks aus seinem Inneren heraus erfährt, nachdem er sich von allen gesellschaftlichen Gepflogenheiten getrennt hat, die eher Ausdruck jenes Menschen sind, der »sich leben lässt« anstatt selbst zu leben. Die geeignete und passende Hilfe erreicht den, der anzuklopfen weiß. Allerdings muss klargestellt werden, dass die Alchemie – wie jeder andere Verwirklichungsweg – keine Theorie um ihrer selbst willen ist, sondern eine Philosophie von Tod und Wiedergeburt, eine Philosophie, die lehrt, lebend zu sterben. Das erfordert eine totale Umwälzung in der Art zu denken, zu fühlen und zu handeln.

Das Individuum ergreift oft auf mentale Weise Besitz von einer Philosophie. Aber noch ehe es sie verinnerlichen kann, landet es schon wieder auf der Ebene der Extroversion, Didaktik und Proselytenmacherei. Von Alchemie oder Hermetik zu *sprechen* ist nicht so schwer, schwerer ist es, sie zu leben und *anzuwenden*, zuerst bei sich selbst und dann bei den anderen.

Wer dabei ist, sich eigenhändig das »Grab« zu schaufeln, hat keine Zeit, nach außen zu blicken, herumzuplappern oder sich von der Gesellschaft in Beschlag nehmen zu lassen.

In den folgenden Aphorismen präsentiert Raphael die vier der Überlieferung getreuen Stufen der Alchemie:

1) Rektifikation der Feuer
2) Fixierung des Quecksilber-Feuers
3) Scheidung (*separatio*) des rektifizierten Quecksilber-Feuers
4) Vereinigung (*coniunctio*) mit dem Schwefel-Feuer.

Raphael ist in seiner Vorgehensweise nicht diskursiv; er will nicht belehren, sondern jene, die bereit sind, auf eine klar umrissene Bewusstseinsposition hinweisen, die es zu verwirklichen gilt. Möglicherweise sind seine Aphorismen daher für die Mehrheit enttäuschend, für jene Minderheit aber, die lieber *sein* will anstatt nur über das Sein nachzudenken, können sie überaus wertvoll sein.

Das zweite Kapitel des ersten Teils ist der Verwirklichung gemäß der *Liebe des Schönen* gewidmet. Dieser Weg eignet sich für jene, die für die »transzendentale Ästhetik« als Harmonie und Einklang mit der intelligiblen Welt empfänglich sind. Coomaraswamy zufolge kann *Brahman* oder das höchste Sein als Schönheit, Wahrheit oder Vollkommenheit verstanden werden, je nachdem, ob man Es vom ästhetischen, epistemologischen oder ethischen Gesichtspunkt aus betrachtet.

Die Kunst ist Ausdruck der Schönheit, die Wissenschaft – in weitgefasstem Sinn – ist Ausdruck der Wahrheit, die Ethik ist Ausdruck der Vollkommenheit, während die *philosophia perennis* – die Metaphysik der Überlieferung – alle umfasst. Diese drei Ausdrucksformen sind also nichts anderes als eine Einheit: Die Schönheit enthält die Wahrheit und die Vollkommenheit, die Wahrheit enthält die Schönheit und die Vollkommenheit, und die Vollkommenheit kann nicht anders, als die Schönheit und die Wahrheit zu enthalten.

Die Theorie der *überlieferten Kunst* basiert nach den Worten Coomaraswamys auf folgenden grundlegenden Punkten:

1. Die ästhetische Erfahrung ist eine ekstatische Verzückung, die an sich unerforschlich ist. In dem Maß ihrer Definierbarkeit aber ist sie ein Vergnügen für die Vernunft.

2. Das Kunstwerk, das als Anregung für den Geist fungiert, sich von den Fesseln der Anschauung zu befreien, entsteht und erwirbt nur dann Substanz, wenn es spezifische Ziele hat. Himmel und Erde sind miteinander verschmolzen in der Analogie der Kunst, die den Eindruck erweckt, sich in der Sphäre des Intelligiblen zu bilden, und die zu jener Vollkommenheit tendiert, in der der Betrachter alle in sich selbst widergespiegelten Dinge entdeckt.[1]

Das größte Werk, das ein Individuum vollbringen kann, ist *schön* zu werden gemäß dem Archetypen der göttlichen Schönheit (transzendentale Ästhetik).

»Man muß nämlich das Sehende dem Gesehenen verwandt und ähnlich machen, wenn man sich auf die Schau richtet; kein Auge könnte je die Sonne sehen, wäre es nicht sonnenhaft; so sieht auch keine Seele das Schöne, welche nicht schön geworden ist. Es werde also einer zuerst ganz gottähnlich und ganz schön, wer Gott und das Schöne schauen will.«[2]

»Das Schöne findet sich die Fülle im Bereich des Gesichts; es findet sich auch im Bereich des Gehörs, bei der Fügung der Wörter und in der gesamten Musik ... es finden sich aber auch, wenn wir von dem Wahrnehmungsbereich nach oben fortschreiten, schöne Beschäftigungen, Handlungen,

---

[1] Ananda K. Coomaraswamy, *La trasfigurazione della natura nell'Arte*, Mailand 1976

[2] Plotin, *Enneaden I,6,9,* Hamburg 1937

Zustände, Wissenschaften und endlich die Schönheit der Tugenden; und ob sich über all diesem noch etwas Schönes findet, wird sich herausstellen. ... Das weiter hinauf liegende Schöne, das zu erblicken der Wahrnehmung nicht mehr vergönnt ist, sondern ohne die Handhabe der Sinne sieht es die Seele und spricht es an: zu seiner Betrachtung muss man hinaufsteigen und die Wahrnehmung unten bleiben lassen.«[1]

Das Feuer der Liebe lenkt den Gedanken von den sinnlich wahrnehmbaren Dingen weg und hebt die Seele zu den intelligiblen Dingen hinauf.

Die Liebe zum Schönen-an-sich lenkt den Blick von den sinnlichen Formen weg, die nur Widerspiegelungen, Schatten und unvollkommene Imitationen des universalen Schönen sind.

»Als das Erste ist anzusetzen die Schönheit, welche zugleich das Gute ist; von daher wird der Geist unmittelbar zum Schönen, und durch den Geist ist die Seele schön; und das weitere Schöne dann, in den Handlungen und Tätigkeiten, kommt von der gestaltenden Seele her; und die Leiber schließlich, welche man schön nennt, macht die Seele dazu; denn da sie ein Göttliches ist und gleichsam ein Stück des Schönen, so macht sie das was sie anrührt und bewältigt, schön, soweit es an der Schönheit Teil haben kann.«[2]

Dieses transzendente Schöne kann verwirklicht werden, indem man das *innere Auge*, das *innere Ohr* und den *inneren*

---

[1] *Enneaden I,6,1 und I,6,4 ebd.*

[2] *Enneaden I,6,6 ebd.*

Tastsinn öffnet, damit anstelle der Formen und der Quantität die Essenz und die Qualität des Lebens wahrgenommen werden können. Aufgrund seiner besonderen Empfänglichkeit für den Einklang muss der Musiker in der Lage sein, der intelligiblen oder heiligen Harmonie seine Wertschätzung entgegenzubringen, ebenso wie der Liebhaber im Geliebten den Einklang mit der universalen Symphonie der Liebe finden muss.

Nachdem die fünf Sinne das Schöne der sinnlich wahrnehmbaren Welt *gewürdigt* haben, müssen sie stufenweise anderen »Sinnen« weichen, die das Schöne der intelligiblen Welt würdigen. Im Vergleich zum Schönen der intelligiblen Welt ist das Schöne der sinnlich wahrnehmbaren Welt nichts als ein blasser Widerschein. Die veränderlichen Dinge im sinnlichen Bereich sind nur insofern schön, als sie – auf mehr oder weniger vollkommene Weise – an der Schönheit der ewigen Ideen auf der intelligiblen Ebene teilhaben.

Dieser Verwirklichungsweg der Überlieferung, den Raphael im zweiten Kapitel und anderen Zusammenhängen[1] darlegt, ist schwierig, weil er eine besondere *Empfänglichkeit* für Einklang und Harmonie erfordert, die nicht sinnlich-emotionaler Ordnung sind.

Das dritte Kapitel ist dem »metaphysischen Weg« gewidmet. Er dient jenen, die ihren begrenzten, diskursiven Verstand loslassen und das Reich des reinen Geistes (*noûs*) betreten wollen. In dieser Dimension verschmelzen die beiden zuvor beschriebenen Wege, denn im Einen ohne Zweiten lösen sich Quantität (Zahl) und Qualität (Töne) auf.

---

[1] Siehe das Kapitel »Aufstieg des philosophischen Eros« bei Raphael, *Initiation in die Philosophie Platons*, Freiburg i. Br. 2002 sowie Raphael, *La Scienza dell' Amore*, Rom 1996

Was vom ersten Weg abbringen kann, ist eine Unreinheit des Herzens, das heißt eine nicht richtige Rektifikation der Kräfte. Was vom zweiten Weg abbringen kann, ist das nach außen, auf die Welt der Formen gerichtete, besitzergreifende Gefühl. Was vom dritten Weg abbringen kann, ist der analytische, selektive und projizierende Verstand, der die Öffnung für den reinen Geist blockieren kann, der als einziger in der Lage ist, jene Identitätserkenntnis zu geben, in der das Subjekt und das Objekt der Erkenntnis verschwinden. Wir haben drei »Sinne«: den körperlichen Sinn, um die materielle Welt zu erkennen, den rationalen Sinn, um uns tief im eigenen Inneren selbst zu erkennen, und den kontemplativen Sinn, um die göttliche Welt oder die Welt des reinen Intelligiblen zu schauen.

Wer von dem Drang erfüllt ist, das göttliche Wahre und Schöne und den göttlichen Willen zu enthüllen, kann diesen Wegen bedenkenlos folgen. Das *große Leben* bietet dann sicherlich alle dazu notwendigen Gelegenheiten.

Die Kapitel des zweiten Teils vervollständigen die drei Kapitel des ersten Teils. In ihnen klingen, zur Orientierung in der Askese, ganz spezifische Töne an. Das Kapitel »Überlagerung« ergänzt und vervollständigt zum Beispiel das dritte Kapitel des ersten Teils. Die Kapitel »Nicht-Begehren«, »Das empirische Ich« und andere vervollständigen das erste Kapitel des ersten Teils. Andere Kapitel können für alle drei Kapitel des ersten Teils hilfreich sein.

Edizioni Āśram Vidyā

Teil I

Lebensfeuer

Die Verwirklichung gemäß der Alchemie

1. Wenn du den Blick gen Himmel richtest, siehst du nichts als Feuerglanz. Wenn du das Auge zu Boden senkst, siehst du nichts als kondensiertes Feuer. Wenn du in dein Inneres blickst, siehst du nichts als Strudel flüssigen Feuers.

2. Wir können die Entwicklung eines Sterns in Begriffen von Feuer und Licht betrachten. Seine mehr oder minder starke Intensität offenbart uns seinen existenziellen Zustand. Genauso können wir die Entwicklung eines Individuums nach der Intensität von Feuer, Licht und Ausstrahlung betrachten.

3. Die Manifestation ist ein Regenbogen aus Licht, eine Verbindung rhythmisierter Feuer auf der Grundnote des Seins. Eine Form (ein Körper oder Volumen) ist eine Synthese aus kondensierten oder ausstrahlenden Feuern, die fokale Eigenschaften ausdrückt.

4. »Hermes sagt, dass Feuer und Erde genügten, um wunderbare Wirkungen zu erzielen. Das erste ist aktiv, die zweite empfangend. Das Feuer existiert – laut Dionysius – in jedem Ding, für jedes Ding, obwohl es in keinerlei Ding ist, weil es alles erleuchtet, obgleich es unsichtbar und verborgen bleibt,

wenn es in sich selbst existiert und sich nicht mit der Materie verbindet, auf die es einwirkt und durch die es sich enthüllt. Es ist unsichtbar, nicht messbar, seiner Natur nach handlungsbereit, beweglich, empfänglich, sich allem, was sich ihm nähert, mitzuteilen. Es erneuert die Kräfte und bewahrt die Natur, es ist seines Glanzes wegen unbegreiflich..., fähig zu bewegen, sobald es bewegt wird, enthält es die anderen Elemente, während es selbst verborgen bleibt und ihrer in keinerlei Weise bedarf. Es ist aufgrund seiner Natur fähig, zu wachsen und seine Größe den Objekten mitzuteilen, die es mit sich erfüllt…, es verringert die Materie..., es wird nicht weniger, obgleich es sich im Überfluss hingibt.«[1]

5. Im *Corpus Hermeticum* ist von einem »Feuerkleid« die Rede, das vom Geist besessen ist und von dem ein winziges Teilchen genügt, um die Erde zu zerstören. Flamel sagt im *Désire désire*: »Das Feuer erzeugt und ernährt sich mit Feuer und es ist Sohn des Feuers, daher muss es zum Feuer zurückkehren, damit es das Feuer nicht fürchtet.«

6. »Sie (die Natur) kennt sich und ich kenne sie. Das Licht, das in ihr ist, habe ich geschaut, ich habe es im Mikrokosmos gezeigt und im Makrokosmos wiedergefunden.« (Paracelsus)

7. *Kuṇḍalinī*, die sich im *mūlādhāracakra* am unteren Ende der Wirbelsäule befindet, ist das nicht-gewöhnliche Feuer, das zum Himmel erhoben werden muss, um sich mit dem Feuer von Śiva zu vereinigen. Denke daran, dass du unser geheimnisvolles Feuer (*salamandra*), himmlisches Licht, in deiner

---

[1] H.C. Agrippa, *De occulta philosophia*

»Höhle« findest. Ohne dieses Feuer, ebenfalls im Bauch des Aries verborgen, ist keine »Operation« möglich.

8. »O Yama, der du das Feuer kennst, das zum Himmel führt, enthülle es mir, der ich voll Glauben bin. – Ich werde dich, o Nachiketas, jenes Feuer lehren, das zum Himmel erhebt. Wisse, das Feuer ist das Mittel zur Erlangung unendlicher Welten. Es bildet ihre Grundlage und ist verborgen an einem geheimen Ort. – So enthüllte er ihm jenes Feuer, Ursprung der Welt.«[1]

9. Farbige Regenbögen überschlagen sich in deinem Inneren: Manches Licht strahlt, während es um sich selbst rotiert, andere Lichter vermengen sich wie umherschweifende Flammen mit dem Lebensfeuer, das dich umgibt. Welch Universum aus Feuer!

10. Dein Instinkt ist ein Feuerstrahl, der sich auflösen, manifestieren will. Dein Gefühl und deine Leidenschaft sind flüssiges Feuer aus Glück oder Niedergeschlagenheit. Dein Verstand ist ein Feuer, das – auf harmonische oder disharmonische Weise – dein Schicksal bestimmt.

Wenn du denkst, bist du *ākāśa*-Feuer, wenn du ein Gefühl empfindest, bist du Sonnen-Feuer, wenn du einen Trieb ausbrechen lässt, bist du elektrisches Feuer.

11. Wenn du mit deinen Augen blickst, schleuderst du feurige Strahlen, wenn du dich bewegst, entfesselst du feurige Flammen, wenn du ruhst, hüllt das Feuer dich ein.

---

[1] *Kaṭha Upaniṣad a.a.O.*

12. Glut der Elemente ...Hitze der Welten ...
Flammen aus Erdscholle, Blütenstaub, Fleisch.
Feuer aus reinen Atomen, die kommen, verschwinden,
zurückkehren in unaufhörlichem Gestöber.
O Leben: Ewigkeit und Blitz!
O Leben: Feuer und Flammen des Einklangs!

13. Das Wesen ist früher oder später dazu bestimmt, ausstrahlend zu werden, so wie jedes Element im Reich der Mineralien früher oder später radioaktiv, also ausstrahlend wird. Um diesen Übergang von der Koagulation zur Auflösung, von der Kondensation zur Ausstrahlung zu vollziehen, muss man die *Kunst* erlernen.

Die Kunst lehrt, als wahrer Philosoph zu »sterben« und die Schönheit, sich mit der Ausstrahlung in Einklang zu bringen.

14. Die Masse, die aus den kondensierten Feuern besteht, muss zu reiner Energie, zu strahlendem Feuer und Licht werden, damit das Wesen die Unsterblichkeit erobern kann.

Die Wissenschaft hat bewiesen, dass »Masse« in ausstrahlende »Energie« umgewandelt werden kann und umgekehrt. Die ewige und heilige Kunst hat seit undenklichen Zeiten gelehrt, diese Wahrheit zu *leben*. Wer sich der Kunst nähert, nähert sich dem Feuer, und das Feuer kann gefangennehmen, sterblich machen, oder aber Befreiung und Unsterblichkeit geben.

15. Wenn du deine kondensierten Feuer – die egozentrischen, psychophysiologischen Reaktionen – untersuchst, bemerkst du, wie metallisch, reduziert und einseitig sie dich gemacht haben. Wunderst du dich, dass dein Gold in eine Höhle aus Blei eingeschlossen worden ist?

Der »Feuerweg« sagt dir, dass du dein Blei in Gold verwandeln kannst. Die »Zukunft« liegt in deinen Händen, die Strahlung ist in dir, und nur du kannst sie entfesseln und manifest werden lassen.

16. Der »Feuerweg« gliedert sich in drei Teile:

– Weg der Alchemie (Lebensfeuer)

– Weg des Schönen (alldurchdringendes Feuer)

– Weg der Metaphysik (farbloses Feuer).

Der alchemistische Weg besteht aus vier Stufen:

1. Rektifikation der Feuer
2. Fixierung des Quecksilber-Feuers
3. Scheidung des rektifizierten Quecksilber-Feuers
4. Vereinigung des Quecksilber-Feuers mit dem noumenalen Feuer (Schwefel).

17. Das Verständnis deiner inneren Feuer enthüllt dir die Synthese deines Lebens. Das Verständnis der universalen Feuer enthüllt dir das Feuer des Seins. Die Identität mit der Essenz des Feuers enthüllt dir die nicht-manifeste höchste Wirklichkeit.

18. Wir können von Feuer und Licht, aber auch von Klang sprechen. Denke aber nicht, dass der Klang eines Musikinstruments oder das einfache Holzfeuer gemeint sind, obgleich sie ausdrucksvolle Symbole sein mögen. Der »Feuerweg« spricht in Begriffen von Feuer, Licht und Klang zu dir. »Der Klang ist Feuer, das schwingt und durchbohrt …«

Der »Feuerweg« steht nicht in Büchern, er ist nicht auf Papier skizziert, denn er ist keine Frucht der Gelehrsamkeit.

Der »Feuerweg« entsteht, wächst und löst sich im schöpferischen Leben auf. Er reift in der direkten Erfahrung, im Gewahrsein zu *sein* (⊙).

Erkennen, erfahren, leben sind die drei Funken des »Feuerwegs«. Hitze, brennen, aufsteigen sind die Fundamente des »Feuerwegs«.

19. Der »Feuerweg« enthüllt die Kunst, harmonisch zu leben, die Schönheit, Einheit beziehungsweise ein Glied der universalen Kette des Seins zu sein und die Glückseligkeit, sich als Ebenbild der Essenz wiederzuentdecken.

20. Die Kenntnis des Feuers in seinen vielfältigen Ausdrucksformen bedeutet, seine Kraft zu besitzen. Aber während diese Kraft die Ängstlichen versklavt, gibt sie den Starken die Freiheit. Der »Feuerweg« ist nichts für Schwache.

21. Dein »Hochofen« umfasst das Feuer, den Ursprung des Feuers, den Weg, der zur Erkenntnis und zur Auflösung des Feuers führt.

Wenn du aus dir heraustrittst, findest du nur den Widerschein des wahren Feuers. Du kannst die *Kunst* nicht ausüben, wenn du die verschiedenen Prinzipien des Feuers nicht in dir selbst erkennst. Wisse, dass dein »Gefäß« das philosophische Feuer enthält. Es belebt und verändert die Elemente. Es ist ein spirituelles Feuer, das in der Lage ist, die Substanz unseres Könnens zu durchdringen, sie zu bewegen, zusammenzupressen oder auszudehnen und das in die Aktualität zu bringen, was sie in potenziellem Zustand besitzt.

22. Sei Herr deines Tempels, damit die Kräfte des Feuers, die in ihm wohnen, dich nicht beißen und somit bezwingen und versklaven können. Lerne die Kunst des göttlichen Werks, das dich zum Herrn der Feuer und zum Schmied der Schicksale macht.

Das ist der »Feuerweg«.

23. Der »Feuerweg« ist eine grandiose Auflösung der Stützen. Alle vom individualisierten Feuer genährten Stützen werden der einzigen und unsagbaren Stütze wegen, die der »Feuerweg« ist, losgelassen. Und der »Feuerweg« ist eben jene unaussprechliche Stütze, die sich selbst im Stützenlosen *auflöst*.

24. Ein initiatischer Weg ist nicht für die Mehrheit. Die Mehrheit dürstet nach Geheimnissen, materiellen oder psychischen Kräften. Sie braucht Anpassungsfähigkeit im weltlichen Leben, psychologischen Beistand und Mitgefühl. Die Mehrheit liebt es, ihre Unvollkommenheit zu verewigen; sie liebt es, die weltlichen oder himmlischen Werte zu betonen und auf öffentlichen Plätzen »auf die Pauke zu hauen«. Die wahren Philosophen der Kunst hingegen mögen keine öffentlichen Plätze und mondänen Gesellschaften, sie machen keinen Lärm, weil sie zutiefst in Meditation versunken sind und ihre Energien nicht zerstreuen dürfen: Wer dabei ist, »lebendig zu sterben«, kann sich weder Ablenkung, Mitgefühl noch das Anhören von Dummheiten und Nichtigkeiten erlauben. Jedes Lebewesen muss in der Lage sein, seinen richtigen Platz zu finden und seinen *dharma* zu erfüllen.

25. Es gibt einen esoterischen und einen exoterischen Weg. Viele eignen sich für letzteren und können eine Menge Litera-

tur darüber finden. Den esoterischen Weg aber kann man – mag noch so viel darüber geschrieben werden – nicht beschreiben und – mag noch so viel darüber gesprochen werden – nicht in Worte fassen.

26. Wenn man dich auffordert zu sprechen, antworte: Gib mir das Feuer der Erkenntnis.

Wenn man dich auffordert zu lieben, antworte: Gib mir das Feuer der Liebe.

Wenn man dich auffordert, jemandem eine Last abzunehmen, antworte: Gib mir das Feuer der Kraft.

Der »Feuerweg« ist für diejenigen, die zuallererst die eigenen Säcke füllen wollen. Man kann nicht geben, was man nicht hat.

Die Mehrheit hofft zu geben, was sie nicht hat. Die Mehrheit hofft zu geben, ohne zu besitzen: Das empirische Ich lebt in der Illusion und setzt sich weiter in ihr fort.

27. Versuche nicht, die anderen »umzuwandeln«. Wandle dich selbst um. Nur deine eigene Vollkommenheit macht den Lebensraum, der dich umgibt, vollkommen.

Der »Feuerweg« bedeutet, sich aufzulösen um aufzulösen.

28. Denke nicht, dass der »Feuerweg« aus dem Studium der Wissenschaft der Sterne, des Heilens, der Magie und dergleichen besteht (obgleich jedes Ding auf der jeweiligen Ebene seinen richtigen Platz findet). Der Weg der Unsterblichkeit wird nicht erreicht, indem man ein paar Krumen phänomenaler Gelehrsamkeit, simple, augenfällige, psychische Kräfte oder die Medaille einer pseudo-spirituellen oder pseudo-esoterischen

Gesellschaft erbettelt, die zum Stolz des gierigen Ich an die Wand gehängt wird. Der Weg der Unsterblichkeit enthüllt sich dem, der mit Würde und aufrecht stehend zu »sterben« weiß.

29. Das phänomenale Ich ist stets auf der Suche nach Einklang, weil es ihn offensichtlich nicht in sich selbst finden kann. Wenn ihm dann ein paar Erläuterungen der *Kunst* gegeben werden, widersetzt es sich jedoch und will seine eigene Kunst durchsetzen, die allerdings unvollkommen ist. Das Ich – nur ein projizierendes Trugbild des Verstands – ist von irrationalen Begierden, separativem Willen, Selbstbefriedigung und physischer sowie psychologischer Unabhängigkeit durchdrungen, aber stets gezwungen, zu betteln und sich, sogar zu einem niedrigen Preis, zu verkaufen.

Auf der Asche des empirischen Ich errichtet der »Feuerweg« den Tempel des unsterblichen Selbst.

30. Jeder Wunsch ist etwas Unerfülltes und entsteht aus einem »Mangel«, aus Unzufriedenheit, aus einer sinnlichen Haltlosigkeit heraus, aus einem nicht aufgelösten Unterbewusstsein. Der befriedigte Wunsch bändigt auf flüchtige Weise den Verstand, der nicht in der Lage ist zu verstehen. Der Wunsch ist nur eine Flucht vor der eigenen Unvollkommenheit. Man wünscht, weil man *nicht* ist. Der »Feuerweg« löscht den Durst des extrovertierten Wünschens, und das Wesen findet sich in allumfassender Fülle wieder.

31. Du bist eine Flamme des einen und einzigen Feuers, das alles durchdringt. Du stehst in Konflikt und erlebst die Einsamkeit des Ich, weil du dich für ein Flämmchen hältst, das vom Ursprung verschieden ist.

Der »Feuerweg« erweckt dich zu der Erkenntnis, dass du ein ganzheitlicher Teil des universalen oder ausstrahlenden Feuers bist. Dann versucht er, deine »Wärme« und deine »Hitze« ins Herz deines wahren und zutiefst verborgenen Seins zu leiten. Zuletzt lässt er dich in die Schönheit des noumenalen Feuers fliegen.

32. Dein sinnliches Ich hat dich unter dem Druck des alchemistischen Drachen gezwungen, um physische und psychologische Liebe zu betteln. Es hat dich getäuscht, lieben zu können, dabei hat es immer nur sich selbst geliebt. Zu seinem Fortleben braucht es sichere Alibis. Das Ich hat dir Hoffnung auf Vollkommenheit und Einklang gegeben, aber oft bist du unter dem Hammer der metaphysischen Unwissenheit zusammengebrochen. Das Leid kann, wenn es verstanden wird, ein Werkzeug auf der Suche nach dem Weg des Einklangs sein.

33. Die Eile ist nicht für jene, die die Kunst des alchemistischen Einklangs erlernen wollen. Oft fragt das konfliktgeladene Ich: Was muss ich tun? Die Seele antwortet: Geh in die Schule und lerne die *Kunst*.

Der Ego-Verstand will Schnelligkeit und ist neugierig, vor allem, wenn er vom Tiger des Leids verfolgt wird. Die Kunst kann aber nicht in wenigen Stunden oder nur aus Neugier erlernt werden.

34. Die Kunst lieben bedeutet vor allem das Leben zu lieben; es bedeutet, dem Raum die Schönheit des Einklangs geben zu wollen; es bedeutet, sich bewusst zu sein, dass das sicherste und wertvollste Gold in den tief verborgenen Windungen des eigenen Seins zu finden ist.

35. Der große Irrtum besteht darin zu glauben, Konflikt und Schmerz, Gewalt und Unwissenheit usw. seien absolut unumkehrbar und etwas Natürliches. Deshalb gelangt das Individuum, das in dieser falschen Auffassung erstarrt, an einen Punkt, an dem es sich immer weiter in sich selbst zurückzieht, unbekümmert oder zynisch wird und sich einredet, dass das Leben eben so ist, wie es ist. Viele unterstützen eine derart einseitige Sichtweise und verweisen daher auf den Weg der psychischen Selbsttötung.

Der »Feuerweg« bewirkt, dass dieser selbstmörderische Irrtum ausgemerzt wird.

36. Warum bist du traurig, wenn du in Konflikt lebst? Warum weinst du über dein Unglück? Warum leidest du unter deiner Unwissenheit? Warum grämst du dich um deinen Tod? Das Leben enthält die Unwissenheit und die Erkenntnis, den Hass und die Liebe, den Konflikt und die Freude, den Tod und die Unsterblichkeit. Je nach der Richtung, die du einschlagen willst, kannst du der einen oder der anderen dieser Ausdrucksformen begegnen.

37. Fulcanelli schreibt: »Solange das Feuer andauert, wird der Mensch emsig auf die Dinge einwirken werden, die ihn umgeben, und dank dieses wunderbaren Feuerinstruments wird er sie dem eigenen Willen unterwerfen, sie zurechtbiegen und dem eigenen Nutzen anpassen. Solange das Feuer andauert, wird der Mensch in direkter Beziehung zu Gott stehen, und das Geschöpf wird seinen Schöpfer besser kennenlernen … Das Feuer umgibt uns und befeuchtet uns von allen Seiten … wir spüren, wie es während der ganzen Zeit unseres irdischen Lebens in uns agiert. Unsere Geburt ist das Ergebnis seiner

Inkarnation, unser Leben ist die Auswirkung seiner Dynamik, unser Tod ist die Konsequenz seines Sterbens.«[1]

38. Der »Feuerweg« wird nicht in Kursen unterrichtet, bei deren Abschluss man ein Diplom erwerben kann. Der Weg ist geprägt durch die Kraft unserer bewusstheitlichen Askese und durch die Umwandlung der Individualität. Ein authentisch Verwirklichter ist die Blüte von Generationen, der Gipfel eines Zustandes, an dem viele Individuen, bewusst oder unbewusst, mitgewirkt haben. Auf der Ebene des Zusammenlebens kann niemand behaupten, unabhängig zu sein.

39. Die Unterscheidung, das vernünftige Nachdenken, das Studium der heiligen Schriften und die Begleitung von großen Weisen sind die wesentlichen Grundlagen der spirituellen Askese. Die bewusstheitliche und psychologische Bereitschaft ist der Schlüssel, um die Tore des Unmöglichen zu öffnen.

40. Vermutlich hoffst du, deine Individualität durch Macht, Geld oder anderes immer weiter zu bereichern. Ich wage dir zu sagen, dass der »Feuerweg« nicht gemacht ist, um Menschen zu erschaffen, sondern Götter. Wisse, die Unsterblichkeit kannst du in der Asche deiner »gewöhnlichen Zusammensetzung« finden, aber die Ewigkeit oder das Zeit-, Raum- und Kausalitätslose erreichst du durch den Tod und die Auflösung aller Zustände, seien sie menschlicher oder göttlicher Natur.

Wenn das Feuer das gesamte Feuer verschlungen hat, wirst du dich als unvergängliche Essenz des Feuers enthüllen.

---

[1] Fulcanelli, *Les Demeures Philosophales*, Paris 1929

Rektifikation der gewöhnlichen Feuer (Nigredo)
und
Fixierung des philosophischen Quecksilbers

41. Sammle auf, was an jenem freudlosen Ort verstreut liegt, behebe den inneren Schaden und fliege zum Feuer aus Fülle.

42. Setz dich hin, lass deinen Verstand zur Ruhe kommen und meditiere tief über das, was dich veranlasst, zu denken, Ereignisse und Dinge zu projizieren, Hochmut, Berühmtheit, Wichtigkeit (in den Augen der anderen), Eitelkeit, materielle und angelesene Reichtümer usw. anzuhäufen. Verfolge die Energie von Wohlbefinden und Leid, beobachte alles so, wie du einen außerhalb von dir befindlichen Gegenstand betrachten würdest.

Sei konstant beim *Beobachten*: tage-, monate-, jahrelang.

Solange du beobachtest, bleibst du verhaftungsloser »Beobachter«, »Punkt im Sonnenzentrum« in deinem mondhaften Hin- und Herfließen. Du musst wie die Sonne (⊙) sein, die um sich selbst kreist, du darfst dich nicht von den titanischen Kräften mitreißen lassen, die in deinem psychischen Raum, dem »hermetischen Gefäß«, existieren. Sei *neutrales Bewusstsein*, aber positiv.

Wenn du beharrlich bleibst, wird deine wiedereroberte »Sonnenkraft« die Mondkräfte auflösen, die dich bis zu ihrer endgültigen Auflösung gefangen halten.

43. Die Beobachtung muss sich eher auf die »Reaktionen« und Ansprüche richten, die durch einen bestimmten Anreiz in dir entstehen, als auf das Kontaktinstrument (⊖) des quecksilbrigen Zentrums (☿). So beobachte, wie die Energie der Genussfreude entsteht, wie sie ins Bewusstsein dringt und bis zum objektiven Ausdruck heranreift.

Beobachte die Energie des sexuellen Feuers, wie sie entsteht, wie sie dich erfasst, fesselt und übermannt.

Beobachte das Feuer der Selbstbehauptung (der Eitelkeit usw.), wie es entsteht, heranreift und dich bestimmt.

Beobachte die »Gier«, den »Durst« nach individuellen Erfahrungen.

Beim reinen Beobachten muss das mentale Feuer schweigen, seine Strahlen müssen aufgelöst sein. Beredsamkeit verhindert das reine Beobachten. Denken »öffnet«, daher schließe hermetisch die Tür.

Wenn du ein Musikstück hörst, darfst du nur zuhören, ohne dich diskursiv einzumischen, denn sonst hörst du nicht zu. Sei aufmerksam, zutiefst aufmerksam für den *gegenwärtigen Moment.*

Du darfst dich auch nicht im beobachteten Gegenstand verlieren. Sei dir des Ereignisses und des alchemistischen Prozesses einfach *bewusst*. Vor allen Dingen musst du den Mut haben, auf *direktem* Weg zu beobachten; nicht auf indirektem Weg mittels der Sinnesorgane, der Irrlichter, die du angezündet und genährt hast, denn das ist der »Abstieg in die Unterwelt« (*katábasis*)[1], das Schwarze Werk, *Nigredo*. Unser »Same« muss begraben werden, er muss »sterben«, um dann zu neuem Leben wiedergeboren zu werden.

---

[1] siehe Raphael, *Orfismo e Tradizione iniziatica*, Rom 1985 und die englischsprachige Ausgabe *Orphism and the Initiatory Tradition*, New York 2003

Bevor du die vollständige »Scheidung« bewirkst, musst du die durch die Koagulation von Kräften beschwerte und zu Blei gewordene »Substanz« rektifizieren und das quecksilbrige Bewusstseinszentrum oder das quecksilbrige Feuer »fixieren«.

Wisse, dass die Vorbereitungsphasen die wichtigsten sind. Oft werden sie unterschätzt, so dass man ohne die entsprechende Würde zum Öffnen der Türe gelangt.

Wenn du beobachtest und glaubst, vom Biss des »schuppigen Drachen« überwältigt zu werden, halte ein. Erkenne, dass du noch nicht bereit bist. Die Fortführung des Werks würde bedeuten, dass du dich durch die chaotische Vielfältigkeit der Projektionen des Drachen entwerten würdest. Zur Extraktion des Goldes aus der eigenen »Höhle« benötigt man ein Minimum an Sonnenenergie. Ohne sie könnte das Werk schwerwiegende Konsequenzen mit sich bringen.

Anderseits musst du dich diesem Drachen stellen, denn er beginnt das Werk. In ihm ruhen auf potenzielle Weise die alchemistischen und philosophischen Materialien.

44. Wenn du zu »beobachten« weißt, wirst du bemerken, wie die kristallisierten, durch den Mühlstein des Werdens entfachten und genährten Irrlichter an Kraft und Antrieb verlieren. Gleichzeitig wirst du die *Stabilisierung* oder Fixierung des quecksilbrigen Feuers erfahren. Denke daran, dass die alchemistischen Phasen nicht voneinaner getrennt sind, sondern sich überlagern.

Um beobachten zu können, musst du den richtigen Abstand zur beobachteten Gegebenheit wählen: Ist der Abstand zu groß, sieht man sie nicht, ist der Abstand zu klein, bleibt der Inhalt unscharf. Es geht um das richtige »Wägen« des Sonnenzentrums oder quecksilbrigen Feuers: Einerseits muss es sich von der Identifikation mit den Irrlichtern losreißen, trennen und aus den Fängen des »Drachen« befreien, anderseits muss es seine Stabilität und *Fixheit* finden, um beobachten zu können, ohne durch die Bewegungen der metallischen Verbindungen und die Dynamik der psychischen kristallisierten Inhalte mitgerissen zu werden. In der Tat gibt es, wie ich dir angedeutet habe, einige Gefahren bei der Bewegung: Der »untere«, »titanische« Zustand wird von »Wesen« bevölkert, die auf verschiedene Weise koaguliert sind. Einige dieser »Wesen« könnten sich deinem *beobachtenden Bewusstsein* präsentieren, das, wenn es nicht stabil und unbewegt in sich selbst bleibt, absorbiert werden und sich für etwas halten könnte, was es in Wahrheit gar nicht ist. So ein »Wesen« kann positiv oder negativ sein, es kann das Bild eines Messias, Kriegers oder Geistes einer Kaste sein. Es kann sogar die Kraft der organischen Substanz sein, weshalb sich das Bewusstsein wie ein gigantischer organischer Körper empfinden wird usw. Pass auf und bleibe immer gelassen, ausgeglichen, ein stets *geistesgegenwärtiger* und *unerschütterlicher* Beobachter. Du bist nicht das beobachtete Erzeugnis, auch wenn es sich mit einer verführerischen Aussicht auf Erfolg vorstellt. Wisse, genau dieses schwere und träge Blei (Saturn) gibt dir die »Fixheit« des Flüchtigen. »Glücklich ist, wer den Planeten der langsamen Bewegung begrüßen kann«, ruft der Alchemist Irenäus Philaletha.

45. Die totale »Scheidung« kann sich vollziehen, wenn die Irrlichter gelöscht worden sind. Wenn man scheidet, *bevor* man rektifiziert und fixiert, begibt man sich eher in die Welt der *Schatten* als in jene der Götter.

Die »Materie« des Werks muss zunächst gereinigt, gewaschen, geweißt oder rektifiziert werden. Das Gold kann man nicht extrahieren, solange die Substanz durch das Element Blei beschwert ist. Diese Operation kann als ein »Brennen« (*calcinatio*) verstanden werden, da die Substanz, die dem Feuer ausgesetzt wird, die unreinen und brennbaren Teile abstößt.

46. Wer sich um den quecksilbrigen Pol sammelt und absorbiert, lehnt sich nicht mehr hinaus, um äußere oder profane Ereignisse zu begehren.

Wer die Bewegung der nach außen drängenden Kräfte anzuhalten vermag, fließt in den ganzheitlichen Urzustand zurück und genießt die schweflige Freude der universalen Harmonie.

47. Deine heutige Bewusstseinsposition mag folgendermaßen aussehen (siehe Schaubild auf S. 39):

Das quecksilbrige Zentrum (☿) ist durch die Kraft der Irrlichter und die Zugkraft des mentalen, emotionalen und triebbestimmten Körpers gefangen. Die Identifikation des quecksilbrigen Sonnenzentrums mit der Substanz oder Mutter hat dich in eine zwanghafte, mondhafte Stellung gebracht. Das ist der »Fall«. Als Unsterblicher bist du – anscheinend– sterblich geworden. Schwefel und Quecksilber sind im philosophischen Grab begraben. Sie müssen daher wiedererweckt werden, indem das körperliche Salz mittels der Projektion des Urfeuers bis zur Verwesung (*putrefactio*) »zerstoßen« wird. Den Schlüssel dazu besitzt das philosophische Quecksilber. Der reine Geist (*noûs*), so sagt Orpheus, ist in einem *Grab* eingeschlossen. Man muss ihn also durch das Feuer der Seele (*psyché)* oder des philosophischen Quecksilbers befreien.

48. Wach auf! Steh auf! Sei voller Hoffnung! Erstarre nicht in falschen Sophismen, mach dein Herz nicht traurig, das sich

nach Vollkommenheit sehnt! Breite die Flügel des Bewusstseins aus, zünde das quecksilbrige und ausstrahlende Feuer an und fliege zur Harmonie und zum Schönen, die Konflikt und Unwissenheit zerbrechen.

49. Die Kühnheit keimt durch das Gewahrsein zu sein, durch die herrliche Aussicht, nicht alleine zu sein. Durchbrich den gefangennehmenden Kreis deiner Angst und befreie dich in der Bewegung, die Einsamkeit und Tod überschreitet.

50. Warum dem lärmenden Weg folgen, der betäubt? Warum die Tore des Himmels verhüllen? Durchtränke dich mit Stille und sieh zu, dass das Leben die Harmonie der Sphären offenbart.

51. Die metaphysische Unwissenheit hat dich mit quälenden Wunden übersät. Was tust du? Versuchst du, dich mit dem unzuverlässigen Medikament der Lust zu heilen? – Dann hast du nicht verstanden.

52. Rektifikation oder Reinigung ist der elektrische Schlag, der das quecksilbrige zentrale Feuer wiedererweckt, das seinerseits jedes gewöhnliche und unvollkommene Element im körperlichen Tempel zerstört, bis es das Trugbild niedergestreckt hat, das im Wandel wirkt. Und dann wirst du den Flug des Raben sehen. Denk daran, dass »das philosophische Feuer jenes Feuer ist, mit dem die Philosophen die Substanz waschen«; I.N.R.I. steht für *Igne Natura Renovatur Integra* und bedeutet: Das Feuer wird alles erneuern.

53. Glückselig, wer sich mit eigenen Händen das »Grab« schaufeln kann. Der Tod der Weisen ist nicht der Tod derer, die die *Kunst* missachten.

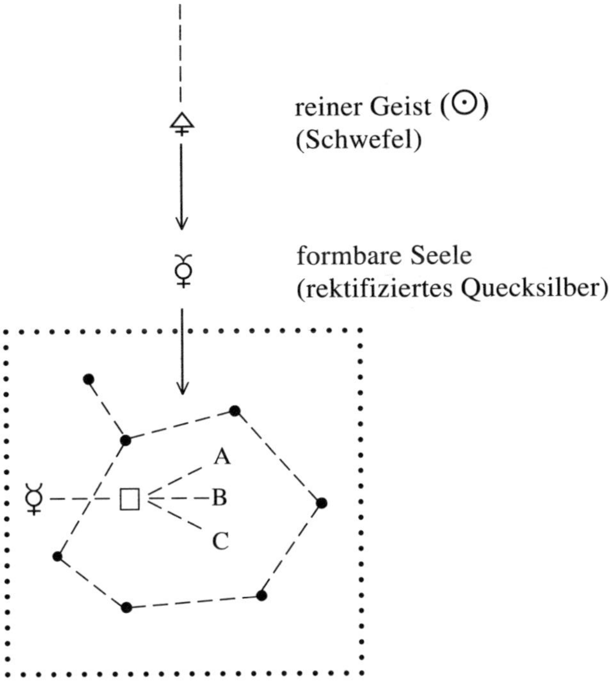

☿ = gewöhnliches Quecksilber

□ = quecksilbriges Zentrum oder Feuer, das unter dem Einfluss des Mondes (☽) steht

A = mentaler Körper

B = emotionaler Körper, Gefühl

C = triebbestimmter oder physischer Körper

• = Inhalte oder kristallisierte Potenzen, die durch die irrationale Kraft des »schuppigen Drachen« angeregt werden, der beobachtet und aufgelöst werden muss.

54. Begrabe den vergänglichen Körper mit dem Arsenik-Trugbild des alten Drachen, ergreife den unbesiegbaren und durchbohrenden Körper; jenen Körper, der über Krankheit und Elend der schlafenden Welt zu triumphieren versteht.

Schließe die Augen vor den Irrlichtern, die dich trauriger-weise verführen, und richte den Blick auf den Feuerkörper, der ins Grenzenlose zielt. Wenn der geheime Schwefel den Schwefel aus Arsenik besiegt, erhält er den Stein, weiß wie Silber, strahlend und stark.

Vergegenwärtige dir stets das Bild des Heiligen Michael, der mit seiner *Lanze* (Sonnenzeichen) den *Drachen* (Materie) durchbohrt, so dass das Blut (des Lebens) hervorströmt.

Die Lanze des Feuers (Wille) schoss auf die Urwasser (Finsternis), und das Licht tauchte auf, aus dem alle Dinge gemacht sind.

55. Wenn du nicht reif bist, ergreift und verführt dich die Schlange der Zeit. Wenn du nicht bereit bist, bietet die Unsicherheit Aufschübe an. Wenn du die *Kunst* nicht liebst, zerstreut und vergeudet sich das Denken in tausend Funken. Wenn du keinen Mut hast, schließt dich die Angst in Stagnation ein. Der »Feuerweg« ist für jene, die das *eine Auge* besitzen (Einhorn).

56. Dein sterbliches Feuer birgt die Unsterblichkeit in sich. Die Unsterblichkeit ist eine *Gewissheit*, keine problematische Möglichkeit. Das, was du brauchst, um sie zurückzuerobern, ist vor allem *Würde*, jene Würde, die du im Verrinnen der Zeit verloren hast, eingeschlossen in Schlaf und Vergessen.

57. Die Unsterblichkeit erobert man nicht durch lärmende Worte, sondern mit der Stimme des *einen Wortes*. Der Klang

ist Feuer, das schwingt und durchbohrt, indem es auflöst und verwandelt, erniedrigt und erhöht, einäschert und gleichzeitig jenes Feuer entzündet, das durch Wasser nicht gelöscht werden kann.

58. Mach nicht den philosophischen Ofen an, wenn du nicht zu Stahl gehärtet bist und den Blitz nicht beherrschen und lenken kannst, der in die tiefe Finsternis der Unvollkommenheit dringt. Das wird dir immer wieder gesagt werden.

Der »Feuerweg« verlangt *königliche Würde* und quecksilbriges Bewusstsein. Das Feuer muss sich in jenem Wesen, das würdig ist, sich der jungfräulichen Schönheit der Göttin zu nähern, erheben und alle Grenzen überschreiten.

59. Die Göttin Substanz musst du rektifizieren, reinigen und zum Himmel erheben. Die chaotische Bewegung der Göttin musst du beherrschen, rhythmisieren und schließlich anhalten.

Begehren und Leidenschaft nötigen. Selbstbehauptung, Eitelkeit und Stolz binden. Du musst den »Durst« zermürben, der nach dem gewöhnlichen Wasser verlangt. Du kannst die Göttin nur beherrschen und umformen, wenn du einen sonnenhaften *unabhängigen Willen* (☉) besitzt, der Anregung und Leben aus seinem eigenen Existieren und Sein bezieht. »Wer sich um den quecksilbrigen Pol sammelt und absorbiert, lehnt sich nicht mehr hinaus, um äußere oder profane Ereignisse zu begehren.«

60. Die Göttin von herrlicher Schönheit ist Feuer, das glänzt. Es macht die Schwachen blind und die Starken unsterblich.

Wer nicht mit Würde wagt, verliert sich in der Ungewissheit seines niederen Wesens.

61. Dein Gefäß (⊖) ist kondensierte Erinnerung. Das quecksilbrige und strahlende Feuer löst die Substanz langsam auf und befreit sie von den Kristallisationen, was bedeutet, dass du das Gefäß flüchtig und leicht machst. Dein Schicksal liegt in der Kraft des Feuers, und der »Feuerweg« zeigt dir, wie du es handhaben kannst.

62. Dein leidenschaftlicher Körper oder deine jähzornige *Seele* (☿) ist ein Amalgam aus feuchten Feuern, die dich an das Objekt oder Ereignis des Begehrens oder der Leidenschaft binden. Dieses anziehend-abstoßende Feuer musst du destillieren und neutral machen. Dieses Amalgam musst du scheiden. Dir bleibt eine quecksilbrige, freie, leichte und doch »fixierte« »Sensibilität«, die, da sie in der Lage ist zu schauen, weder von der magnetischen Anziehungskraft der Metalle und Mineralien erreicht wird, noch von deren Wurzel, dem schwarzen, mit Schuppen bedeckten Drachen. In diesem Zustand kannst du auch handeln, wenn du meinst, aber dann als wahrer Architekt.

63. Der Verstand ist formendes Feuer, Teil des universalen Feuers. Er kann Gefängnisse und Ängste oder Schönheiten voller Einklang formen. Er kann Leid oder Glückseligkeit schaffen. Er wirkt wie der *große Architekt* des Universums. Er ahmt die Natur nach.

64. Das Verständnis des innermenschlichen oder philosophischen Feuers bedeutet, das Geheimnis der gesamten menschlichen Zusammensetzung als projizierenden, gestaltenden und schöpferischen Faktor zu durchdringen. Die Führung des innermenschlichen Feuers bedeutet, sich im Rahmen der kosmischen Gesetze selbst zu bestimmen.

65. Wenn der spirituelle Schwefel verstanden und beherrscht wird, kann er fördernde und phantastische Ereignisse herbeiführen, wird er aber sich selbst überlassen, bringt er nur Konflikt und schreiend-störende Unvollkommenheit. Die Erde, das Wasser und die Luft müssen beherrscht, rektifiziert und ins Gleichgewicht gebracht werden. Wenn Erde, Wasser, Luft und Feuer in harmonischer Übereinstimmung im Individuum sind, glänzt die fokale Schönheit des Quadrats und der Aufbau des Tempels schreitet voran. Wenn du das Antimon, den Greis – Vater der Metalle –, erobert hast, besitzt du die Herrschaft über die Substanz.

66. Das quecksilbrige Zentrum ist der Demiurg, und das solare Feuer ist Werkzeug-*logos*-Vermittler. Der Demiurg schwingt durch seinen *logos* das Wort der Rektifikation, der Verwandlung und der Vereinigung der Feuer.

67. Du musst dich zuallererst ins *Zentrum* deines fokalen Systems (☉) begeben, dann musst du, durch Dosierung des Feuers, die Feuer vereinigen, dann das Feuer führen und das Flüchtige vom Fixen und den Adler vom Löwen »scheiden«. Zuletzt musst du, wenn du Kühnheit besitzt und den *Salamander* fest an der Hand hältst, das quecksilbrige Feuer im Schwefel (🜍), dem unvergänglichen und nichtbrennbaren Feuer auflösen.

68. Beim Bau des Tempels aus Licht müssen drei Dinge beachtet werden:

a) die richtige tonale Beziehung

b) die Geometrie der Kraftlinien

c) kühne Würde.

Das Individuum ist eine Kombination aus sieben Hauptzentren aus Feuer, die sich, wenn sie verstanden, koordiniert und integriert sind, in dem einen Feuer (*suṣumṇā*) auflösen können. Die Herrschaft über dieses Feuer bedeutet, das eigene Schicksal in der Hand zu haben. Aber denke an die richtige Beziehung der Feuer, an die Geometrie der Kraftlinien, um das perfekte Gleichgewicht, die kühne Würde herzustellen; andernfalls könnte dich die »giftige Schlange« in Ungewissheit und Zweifel stürzen.

Die sieben Hauptzentren aus Feuer (in der *Vedānta*-Überlieferung *cakra,* Räder aus Feuer oder Licht, genannt) liegen im vitalen *prāṇa*-Körper; sie empfangen und verteilen die Energie und sind mit bestimmten Drüsen des endokrinen Systems verbunden:

1. *mūlādhāra*: Zentrum am unteren Ende der Wirbelsäule
2. *svādhiṣṭhāṇa*: Zentrum im Genitalbereich
3. *maṇipura*: Zentrum im Bereich des Solarplexus
4. *anāhata*: Zentrum des Herzens (Thymusdrüse)
5. *viśuddha*: Zentrum der Kehle
6. *ājñā*: Zentrum zwischen den Augenbrauen
7. *sahasrāra*: Zentrum über dem Scheitelpunkt des Kopfs; Synthese der unteren sechs Zentren.

69. Der brennende *Durst* drängt dich in die Sackgasse aus Konflikt und Sterblichkeit. Solange du den auflösenden Blitz nicht im Griff hast, wird dich stets das sublunare Trugbild beherrschen, auch wenn du versuchst, dich zu behaupten. So sehr du versuchen magst zu *planen*, wird es stets das Chaos

des Drachen sein, das bestimmt. Wisse auf jeden Fall: Derjenige, der herrscht, kann beherrscht werden, das Flüchtige musst du fix und unbeweglich machen. Das macht dich vollkommen. So wird dem puren Wandel durch deine Harmonie Gleichgewicht auferlegt.

Wenn ich von Willen spreche, bedeutet dies nicht, dass du Anstrengung und Spannung erzeugen sollst, als befändest du dich vor einem Hindernis. Der wahre Wille ist frei von Spannung, Anstrengung und nervöser Starrheit. Er ist etwas, das in der Welt der Widerstandslosigkeit entsteht, außerhalb der raumzeitlichen Dimensionen. Er ist ein freier, unschuldiger, subtiler, trockener Akt, wie der Flug einer Schwalbe, die in vollkommener Bewegungslosigkeit ihrer Flügel die Lüfte durchdringt.

70. Kurz zuvor sind die sieben Chakra oder Kraftzentren, die sich an der Wirbelsäule befinden, erwähnt worden. Drei von ihnen sind besonders wichtig, da sie den drei Bewusstseinszentren von ⊖, ☿ und 🜍 beziehungsweise dem materiellen, seelischen und spirituellen Zustand (Körper, Seele und Geist) entsprechen.

Diese drei Chakra sind:

mūlādhāra	= ⊖	Erde	–	individuelles Feuer	–	Blei
anāhata	= ☿	Luft	–	ausstrahlendes Feuer	–	Quecksilber
ājñā	= 🜍	Äther	–	unverwesliches Feuer (vergleichbar mit ⊙ oder Schwefel)		

Das materielle individualisierte Feuer arbeitet mit dem *maṇipuracakra* (sensorischer Solarplexus), dem *svādhiṣṭhāṇacakra*

(Zentrum im Genitalbereich) und dem *viśuddhacakra* (mentales Zentrum), das unter dem Einfluss der ersten beiden Zentren agiert.

Das ausstrahlende Feuer arbeitet mit dem *anāhatacakra* (Zentrum des Herzens) und dem *viśuddhacakra* (mentales Zentrum), das in diesem Fall unter dem Einfluss des *anāhatacakra* steht.

Der Geist des unvergänglichen Feuers arbeitet mit dem *ājñācakra* (Śivas Auge).

Vor der Rektifikation wendet das *anāhatacakra* seine Blütenblätter nach unten, um das *maṇipura-* und das *svādhiṣṭhāṇacakra* zu nähren. Nach der Rektifikation richtet es seine Blütenblätter nach oben und nährt so das *viśuddha-* und das *ājñācakra*. Wir haben also zwei verschiedene Arten von Quecksilber, das eine (☿) steht unter dem Mondeinfluss der psychophysischen Individualität, das andere (☿) steht unter dem Einfluss der universalen Person (🜍). Diese Entsprechungen können dir helfen zu verstehen, dass es eine einzige Initiationsüberlieferung gibt, die sprachlich unterschiedlich formuliert wird.

71. Welche Feuer halten das quecksilbrige ausstrahlende Feuer in der individuellen Ausdrucksform fest? – Drei mächtige Feuer zwingen den König und die Königin zur Opfergabe:

1. das Feuer von Begehren-Gefühl-Leidenschaft
2. das Feuer der schöpferischen Sexualenergie
3. das Feuer der Selbstbehauptung und des Ausdrucks als psychophysisches Ich: der Schatten, der durch die Eigenschaften des Drachen geschaffen worden ist.

Die »Abtötung« (*mortificatio*) oder das »Schwarze Werk« besteht darin, diese Feuer zu rektifizieren und zu *entblößen*, damit sich, nachdem sie verzehrt sind, die Substanz, die dadurch destilliert wird, zum Himmel erheben kann. Das mentale

Feuer unter dem Einfluss dieser individualisierten Feuer arbeitet zu ihrer Befriedigung und macht die Substanz auf dieser Aktivitäts- und Ausdruckslinie immer reaktiver und sensibler.

Die so durchtränkte und gesättigte Substanz verlangt dann die Wiederholung des Vorgangs. Die kontinuierliche Wiederholung dieses Vorgangs stärkt das individuelle Organ. Das Wesen wird daher durch die Potenz der saturnischen Feuer bestimmt. So kann man verstehen, wie das reine Quecksilber unter die Herrschaft der Mondkraft (☿) fällt.

Wenn die Abtötung (*mortificatio*) oder Reinigung (*rectificatio*) komplett vollzogen ist, wird das quecksilbrige bewusstheitliche Feuer frei. Dann geht es von den unteren drei Chakra ins *anāhatacakra* über, welches das *Zentrum* des gesamten Wesens darstellt (während das individuelle Zentrum durch das *maṇipuracakra* repräsentiert ist). Die unteren drei Chakra teilen wir mit den Tieren, die oberen drei mit den Göttern.

Es ist daher notwendig, die drei unteren Feuer in die entsprechenden oberen Feuer umzuwandeln: Das Feuer des Ego-Begehrens muss in den spirituellen Willen und das nach oben gerichtete Streben verwandelt werden, die mit dem universalen Gesetz, der Ordnung und dem Einklang mit dem Prinzip übereinstimmen. Das schöpferische Sexualfeuer, das vom Drachen beherrscht wird, muss in das schöpferische Feuer des intelligenten Geistes verwandelt werden, das vom *Logos* beherrscht wird. Das Feuer der Selbstbehauptung und des Ego-Ausdrucks muss in die Selbstverwirklichung bzw. in das Erkenntnisbewusstsein seiner selbst als universales Prinzip (Schwefel) umgewandelt werden.

Das Feuer der Philosophen hat laut Geber »zwei Ursachen der Vergänglichkeit und Unreinheit in sich: eine entflammbare Substanz und die irdischen Exkremente oder Unreinheiten«.

72. Das Ganze kann in einem Schaubild zusammengefasst werden: Das rektifizierte fokale Bewusstseinszentrum (Quecksilber der Weisen) operiert mittels dieser Chakra[1]:

↓ ☿ → *ājñā* = Wille-Sein

☿ → *anāhata* = Selbstverwirklichung; Erkenntnis-Bewusstsein seiner selbst als Universalseele

☿ → *viśuddha* = intelligente *schöpferische* Aktivität (*Logos*)

Das nichtgereinigte fokale Bewusstseinszentrum (das gewöhnliche, vulgäre Quecksilber) agiert mittels dieser Chakra:

↓ ☿ → *mūlādhāra* = Selbstbehauptung des psychophysischen Ich

☿ → *maṇipura* = sinnliches Ego-Begehren, Emotionen-Gefühle

☿ → *svādhiṣṭhāṇa* = organische schöpferische Aktivität

---

[1] Eine ausführlichere Darlegung der Chakra gemäß der Überlieferung siehe Raphael, *Yoga – Initiationswege zum Transzendenten*, Bielefeld, 2. Auflage 2001 und bei Patañjali, *La Via regale della realizzazione (Yogadarśana)*, Rom 2. Auflage 1997

»Das ganze Geheimnis der hermetischen Philosophie liegt darin, das reine Quecksilber zu erhalten, jenes, das existierte, bevor es mit irgendeinem Metall vermischt worden ist (das heißt, bevor es in die Individualisierung, Spezialisierung oder Vereinzelung gefallen ist). Das ist das prinzipiale Quecksilber, das sich vom gewöhnlichen Quecksilber unterscheidet, welches wie tot ist, wenn es sich außerhalb der universalen Erzgrube befindet. Denn sein inneres Feuer ist schläfrig und kann nicht agieren, wenn es nicht durch das prinzipiale Quecksilber in Bewegung gesetzt wird.«[1]

»Das Quecksilber nennt sich Geist der Philosophen, weil nur die Weisen das Geheimnis kennen, um es Geist werden zu lassen, indem sie es aus dem Gefängnis des Körpers [des Individuationsprozesses] befreien, in das es die Natur eingeschlossen hatte.«[2]

»Damit erklärt sich der Zusammenklang der verschiedenen Symbole: das Lebensprinzip (Wasser oder Quecksilber) vom Körper scheiden bedeutet, es auf einen nicht individualisierten Status zu heben: Als Übergang vom »Fixen« auf das »Nicht Fixe« ist dieser Vorgang also eine »Lösung« (*solutio*); als ein Befreien dessen, was der Körper in sich barg, eine »Extraktion« (*extractio*); als Rückkehr zum ursprünglichen Zustand eine Verwandlung in die *materia prima* und Bereitung des Quecksilbers der Weisen; eine Vereinigung oder Vermählung (*coniunctio*) ist es schließlich

---

[1] Antoine Joseph Pernety, *Dictionnaire mytho-hermetique*, Paris 1758

[2] *Trionfo Ermetico 141*

dann, wenn man die zwei Zustände personifiziert und in der Verwandlung die tatsächliche Rückverbindung des spezialisierten Lebens mit dem unveränderlichen Leben sieht, das ja trotzdem nicht außerhalb von ihm, sondern gleichsam betäubt und berauscht an seiner Wurzel liegt.«[1]

[1] Julius Evola, *Die Hermetische Tradition,* Interlaken 1989

Scheidung (Albedo)

73. Auf die Rektifizierung und Stabilisierung des Quecksilber-Zentrums folgt die »Scheidung«. Das *Wasser* oder Magnesium ist gereinigt und in seinen jungfräulichen Zustand zurückgebracht. Du hast die »Hure« gereinigt. Das quecksilbrige Zentrum fühlt sich freier, es lebt quasi in Unwägbarkeit und entgeht dem Elektromagnetismus des individualisierten Feuers. Der »neutrale« Zustand bietet ihm eine Stellung der Vorherrschaft, der Würde, die es nicht besaß, als es, durch den chaotischen Wirrwarr der rastlosen Göttin gefangen, dem Gesetz der »Notwendigkeit« folgen musste.

Würde heißt, mit dem Auge des Gleichmuts, mit positiver Verhaftungslosigkeit leben und schauen zu können. Es meint auch, sich über nichts zu wundern, da sich jedes Ding an seinem richtigen Platz befindet. Die Würde gehört dem, der, obgleich er in der Welt lebt, nicht von dieser Welt ist. Die Würde ist kein Begriff, sondern eine *Seinsweise*. Man kann sie nicht lehren. Sie muss von demjenigen, der die Voraussetzungen und Qualifikationen dafür hat, verstanden und verkörpert werden. Sie steht über jeder Art von psychologischem Dualismus und auch über der Dualität von gut und böse.

74. Wenn dich Zweifel überkommt, ergreife den Blitz der Erkenntnis und Kunst und zerreiße die Trübheit, die dich gefangenhält. Die Schwärze des *saṁsāra* löst sich im Licht des ausstrahlenden Feuers und kraft deines *Goldes* auf.

75. Dein Magnesium – nunmehr geweißt und rektifiziert – sei eine Zither. Lass Klänge ertönen, die Menschen und Götter bezaubern. Der Raum reagiert auf die Schönheit des Einklangs. Wisse, dass die Alchemie von einigen Philosophen als Kunst der Musik bezeichnet wird. Unsere *materia prima* wird durch einen gekrönten Greis dargestellt, der eine Zither in den Händen hält. Durch den Klang können die *verhärteten* Elemente *lebendig* oder philosophisch werden. Sie können angeregt oder beruhigt werden. Orpheus wird mit einer Leier dargestellt. Mit ihr *besänftigt* er die *giftige Schlange,* die in den wilden Tieren wohnt.

76. Das Feuer genießt im Feuer, das Feuer besiegt das Feuer, das Feuer löst sich im Feuer auf. Das Feuer ist sich selbst Vater und Mutter, selbstgenügend, da es aus sich selbst hervorgeht und in sich selbst zurückkehrt.

Das Feuer in seinem formalen manifesten Zustand ist zweipolig. Das Wesen, das sich auflösen will, muss die fokalen Polaritäten vereinigen, es muss die Irrlichter löschen, damit es sich in der »Quintessenz« des Feuers wiederfinden kann.

77. Kämpfe mit gezücktem Blitz gegen das Trugbild des Chaos, das dich in den Mühlen des Sterblichen und des Werdens gefangenhält.

Verlasse die Sphäre der Veränderung und begib dich ins Sein, das himmlische Feuer, das nichtbrennbar, homogen und unsichtbar ist und nicht der körperlichen Dimension unterliegt.

78. Wichtig ist, dass du *auf positive Weise aktiv* wirst. Ein Augenblick der Unachtsamkeit genügt, und du kehrst in die passive, mondhafte und untergeordnete Stellung zurück.

Dem zerstreuten, flüchtenden und sich verschwendenden Feuer muss du das konzentrierte, anregende, gesammelte, um die eigene Achse kreisende Feuer entgegensetzen.

79. Der Schlaf hat dein ausstrahlendes Feuer, dein Gold, verhüllt und geschwächt. Du musst aufwachen und dich in deinem Glanz und deiner Unsterblichkeit wiedererkennen. Die mondhafte Welt führt dich – so entspannend sie sein mag – in Vergessen und ein falsches Pathos der Erregung.

Ersetze nicht die strahlende Sonne durch den schwachen Widerschein des Mondes.

> »Am Anfang ist sie (☉) tot; das heißt, ihre lebensspendende Kraft ist unter der Härte des Körpers verborgen ... wenn sie jedoch in unserem Wasser badet, wird sie wiedergeboren, sie erwacht zu neuem Leben und wird das Gold der Philosophen.«[1]

80. Wenn sich das rektifizierte quecksilbrige Fokalzentrum vom Körper des irdischen Feuers befreit, befindet es sich in dem ihm eigenen Zustand ausstrahlenden Feuers und drückt sich in jener Freude aus, die alles erhebt. Wenn dein Wasser durch Sublimierung gereinigt ist, verdampft es und du findest dich als Luft (☿) in Freiheit wieder.

81. Erreiche den Ort »derer, die sind« und nicht mehr werden, das Städtchen der Erwachten, den Ort ohne Grenzen. Nur die Kraft des Feuers kann den zerstreuenden Reiz des Feuers transzendieren.

---

[1] Philaletha, *Introitus apertus ad occlusum Regis palatium*

82. Wenn du die Unsterblichkeit liebst, verführe die jungfräuliche Göttin und verwandle sie durch die Umarmung, die die Zeit zerbricht.

83. Der Same muss sterben; er muss aufbrechen und sich öffnen, um den Glorienkörper keimen zu lassen. Schlage den Samen auf, mit dem Blitz der Befreiung, töte das Lebendige und gib dich dem *Feuer der Kunst* hin. Das Werk muss voranschreiten und der Körper aus quecksilbrigem Feuer muss in seiner Unsterblichkeit fixiert werden.

84. In dem Maß, in dem du dich mit dem ewigen Feuer *identifizierst,* wird das menschliche Bewusstsein, das von den Erinnyen beherrscht wird, der Stütze enthoben, und deine Schwere wird sich in *Lichtgeschwindigkeit* verwandeln. Nur so wirst du frei werden, nur so wirst du die »Erinnerung« zurückerobern, die durch das Trugbild der phänomenalen Täuschung verhüllt ist, und die *Würde* wiederfinden, die dir gehört.

85. Wenn du Kühnheit besitzt, folge mit Würde den Phasen der Scheidung und dem Wegfallen der Stützen.

Wenn du Fliegen gelernt hast, zieht sich dein Bewusstsein nicht ins Feste zurück, sondern fliegt zum Gipfel der Freiheit. Das ist der Flug des Drachen. In dieser Phase ist die Beherrschung des Feuers wichtig, denn sonst könntest du abstürzen: Die Kraft des Feuers, das so freigesetzt wird, könnte dich überwältigen. Diese Phase ist voller Gefahren.

86. Wenn du Kühnheit und Würde besitzt, wirst du zu quecksilbrigem alles durchdringendem Feuer (☿), du bist allerdings nicht mehr jenes individualisierte metallische Ich mit

einem Namen und einer Form. Das mondhafte Ich ist verschwunden, aber damit auch seine Einsamkeit und Unvollkommenheit.

87. Denk also daran: Zuallererst musst du dich zum positiven Fokalzentrum deines inneren Tempels machen. Um die Welt zu erheben, braucht man einen passenden Hebel oder eine Stütze. Die Rektifikation und die Fixierung führen dich zur Rückgewinnung dieses Zentrums. Das ist die erste Extraktion (*extractio*) des Quecksilbers aus der Erzgrube. Durch diese Operation hast du den Körper (das Blei) von positiv in negativ und dein Gold von negativ in positiv verwandelt. Dann musst du *scheiden*. Das, was dich ans Feste bindet, ist die Begierde oder der Drang nach individualisiertem Leben. Das sonnenhafte Feuer muss das flüssige oder feuchte Feuer destillieren. In der Aufhebung deines Begehrens, deines Durstes, deiner Gier legst du das Fundament für die richtige Scheidung (*separatio*). Daher musst du den Durst, der nach Durst verlangt, das Wünschen, das nach Wünschen verlangt, die Feuchtigkeit, die in deinem philosophischen Ei operiert, entkräften.

Das kondensierte oder irdische Feuer hat das ausstrahlende Feuer und das schweflige Feuer metallisiert und eingeschlossen. Daher musst du das Unsterbliche vom Sterblichen, das Wirkliche vom Unwirklichen scheiden, damit das kondensierte Feuer langsam zu »Asche« wird. In dieser Phase gib acht, dass du nicht Beute der Angst wirst, denn dann würde dein Bewusstsein zu *Boden* gebracht werden und die Tore sich wieder verschließen. Anderseits musst du lernen, lebendig zu »sterben«. Wenn du dich der Passivität hingibst, würdest du nur in *Trance* geraten, aber das entspricht nicht dem »Feuerweg«. Der »Feuerweg« ist wie die Sonne, aktiv und bewusst. Du wirst »Bienengesumm« hören und spüren, wie sich das Bewusstsein zurückzieht.

88. Du sollst etwas Wichtiges erfahren: Die »Scheidung« (*separatio*) kann zwei Ziele haben; das eine verfolgt man auf dem Weg der unteren feinstofflichen Welt, das andere auf dem Weg der oberen feinstofflichen Welt. Es gibt Menschen, denen es mittels psychophysischer Praktiken gelingt, sich vom physisch-dichten Körper zu trennen und in der Sphäre des *Fühlens*, das heißt des psychischen Individualisierten zu befreien, anstatt in jener des *Wollens* und *Erkennens*.

Was ist hier geschehen?

Das psychische Ich, das durch den sinnlichen projizierenden Verstand, das Gefühl und den molekularen Instinkt gekennzeichnet ist, hat sich vom physisch-dichten Körper (⊖) getrennt und ist in die hyperphysische Sphäre gelangt (die vom westlichen Okkultismus »astrale Sphäre« genannt wird). Aber diese Art der Zustandsveränderung – die für den Großteil der Individuen normal ist, wenn der physische Körper »stirbt« – modifiziert weder das Bewusstsein noch die Anschauung oder Richtung des Wesens. Dieser Zustand bleibt stets im Bereich des psychischen Individualisierten (☿). Er ist lediglich eine Ausdehnung der Individualität, die ihrerseits nur das psychische mondhafte Ich bzw. gewöhnliche Quecksilber darstellt und nicht das rektifizierte quecksilbrige Zentrum (☿). Die »Flecken« oder Makel, die das gewöhnliche Quecksilber möglicherweise auf der physischen Ebene hatte, nimmt es auf die untere feinstoffliche Ebene mit.

Bestünde die alchemistische *separatio* lediglich aus diesem Kommen und Gehen aus der »Welt der Manen« in die körperliche Welt, wäre sie eine große Täuschung, man könnte sagen, ein großer Betrug.

Diesen Übergang vollziehen als *Medium* geschulte Individuen und viele, die im Bereich der Parapsychologie arbeiten, sowie andere unter der Wirkung bestimmter Drogen auf ganz bewusste Weise.

Und obwohl man, in bestimmten Fällen, mithilfe des Elements *Äther* (*ākāśa*, Sohn des Saturn, alchemistischer *Antimon)*, von jener Ebene aus auf den Bereich des körperlichen Grobstofflichen einwirken kann, ändert sich nichts an der vorhergehenden Betrachtung.

89. Solange man im (grob- und feinstofflichen) Infraindividuellen operiert, ist der alchemistische, initiatische oder philosophische Tod nicht eingetreten. Das, was initiatisch gesehen zählt, ist die »Transformation« des psychischen Individuellen (☿) in das spirituelle Universale (☿) bzw. die Umwandlung des gewöhnlichen und mondhaften Quecksilbers in das philosophische und sonnenhafte Quecksilber unter dem Einfluss des Schwefel-Geistes (🜍), des geflügelten Löwen.

In *Vedānta*-Begriffen ist es die Umwandlung des *manas*-haften *ahaṁkāra* (rein menschlicher Zustand) in den *buddhi*-haften *ātmā* (göttlicher Zustand).

Die Zerstörung der psychischen Ich-Ebene muss genau an diesem kritischen Bewusstseinspunkt erfolgen. Das ist der Übergang vom Sterblichen zum Unsterblichen, vom Einzelnen und Individuellen zum archetypischen Universalen, vom Unwirklichen zum Wirklichen, vom *pitṛyāna*-Weg zum *devayāna*-Weg.

In kabbalistischen Begriffen kann man sagen, dass die Zerstörung der psychischen Ich-Ebene mit der Auflösung des unteren Quaternärs (*Nezach, Hod, Yesod, Malkuth*) und mit der

Verlegung des quecksilbrigen Zentrums in *Tiphereth* einhergeht. *Tiphereth* ist das aus der Höhle des Saturn extrahierte, rektifizierte ☿, Vermittler zwischen dem himmlischen und irdischen Jerusalem (über das kabbalistische *Opus* siehe Aphorismus 93).

90. Der erste Weg entspricht dem *pitṛyāna*-Weg des *Vedānta*. Die Scheidung (*separatio*) ist hier nur die Loslösung des physisch Dichten vom gewöhnlichen Quecksilber. Daher bleibt man in der Sphäre des psychischen Individualisierten und kehrt auf die Ebene der grobstofflichen Dualität zurück.

Der zweite Weg entspricht dem *devayāna*-Weg, dem sonnenhaften Weg der Götter und der Unsterblichkeit. Hier ist es nicht der zum vollständigen Genuss gelangte physisch-dichte Körper, der sich vom gewöhnlichen Quecksilber löst, sondern das rektifizierte quecksilbrige Feuer, das sich auf bewusste und flüchtige Weise von der Bindung und dem körperlichen Träger (Träger des Saturn) löst. Hier erhält der Begriff »Scheidung« seine wahre Bedeutung: nämlich *Auflösung* der individuellen psychischen Zusammensetzung und *Fixierung* des sonnenhaften Quecksilbers (☿), jenseits der psychophysischen Dualität. Das repräsentiert den wahren initiatischen Tod, den Tod der Philosophen, aber gleichzeitig die Geburt in der Sphäre der Unsterblichkeit. Die »zweimal Geborenen« (*Dvi-ja*) der Hindu-Überlieferung stellen diese ins himmlische Leben Wiedergeborenen dar.

Nachdem unsere Substanz von den unreinen Kristallisierungen bzw. salzhaltigen Koagula rektifiziert worden ist, richtet sich das nun ausstrahlend gewordene quecksilbrige Zentrum auf das *erste Feuer*, Schwefel der Philosophen. Das quecksilbrige Feuer-Zentrum bleibt also, wenn es die Scheidung vollzieht, nicht im Bereich des feinstofflichen Mondhaften – dem Ziel des nichttransformierten Individuums –, sondern fliegt in die Sphäre des *ātmā (buddhi, Tiphereth)* oder universalen Schwefel-Prinzips.

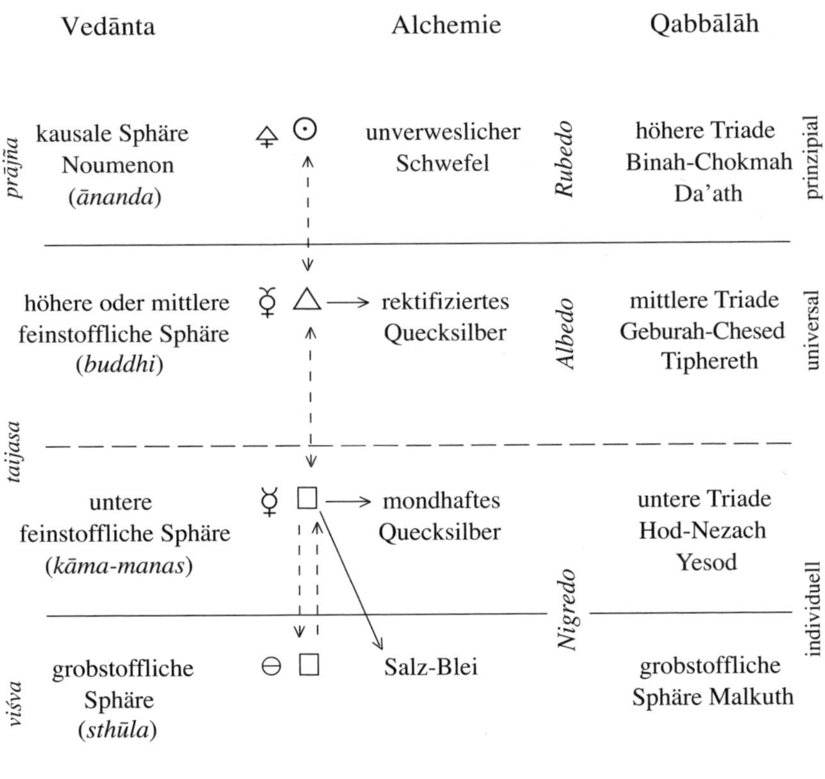

91. »Was soll ich dir sagen, mein Sohn? Nur das: In mich selbst blickend hat sich aus göttlicher Gnade eine immaterielle Anschauung verwirklicht, so dass ich aus mir herausgetreten bin, um in einen immateriellen Körper einzutreten, und jetzt bin ich nicht mehr derselbe wie früher, sondern im Intellekt gezeugt. Dies kann weder Gegenstand einer Lehre sein, noch ist es der Gegenstand des materiellen Elements, das wir sehen können. Daher kümmere ich mich nicht um meine zusammengesetzte Form, die ich früher besaß. Ich habe weder Farbe, Tastsinn noch Maß mehr: All das ist mir fremd. Jetzt, mein Sohn, siehst du mich mit den Augen, aber du kannst nicht verstehen, was ich bin, wenn du mit den Augen und dem Gesichtssinn des Körpers schaust; nicht mit diesen Augen kannst du mich nun sehen, mein Sohn.

– Was ist davon also wahr, o Trismegistos?

– Das, was nicht getrübt ist, mein Sohn, das, was keine Grenzen hat, das, was weder Farbe, noch Form hat, das, was nicht Gegenstand der Veränderung ist, das, was nackt ist, leuchtend, nur für sich selbst verstehbar, das unbewegte Gute, das Unkörperliche.«[1]

Diese Seele – das Quecksilber der Philosophen – die aus Erkenntnis besteht, hat den Upanischaden zufolge ein ausstrahlendes silbernes Weiß (*Albedo*), das subtil alle Dinge durchdringt. Jede vierteilige Erzeugung stammt aus diesem Körper aus Licht, dem strahlenden Feuer, daher kehren alle zusammengesetzten Dinge in ihn zurück.

Wenn die Göttin Substanz weiß wird, hat der König den Tod besiegt und erobert die Unsterblichkeit (nicht das simple

---

[1] *Corpus Hermeticum XIII, 3-6*

Überleben der Hülle gegenüber der natürlichen Auflösung des Bleis unter dem Einfluss von Saturn).

Dieser Körper aus Feuer oder Glorie braucht nicht die Stütze Saturns um zu sein. Seine Wirklichkeit kann durch Zustände und Arten der Existenz fortleben, die den metallischen und mineralischen Zustand überschreiten. Er ist reines, essenzielles Quecksilber, denn er hat die Natur der *materia prima* mit der Fähigkeit, alle Metalle und Mineralien zu durchdringen.

92. Wo bewirkt man die Umwandlung von Blei in Silber oder vom Schwarzen ins Weiße?

»Die Operation geschieht im Herzen, und hier wird kraftvoll an das Tor der Himmel geklopft.«[1] »In der geheimsten Kammer des Herzens«[2] ruht das philosophische Quecksilber, das von profanen Augen nicht gesehen wird.

Im weiteren Verlauf des Werks ist es unabdingbar, ein vollkommenes Gleichgewicht zwischen den verschiedenen gereinigten und sublimierten Feuern erlangt zu haben (Rektifikation); Gleichgewicht und Neutralität, die erlauben, das stabilisierte und fixierte Flüchtige zu besitzen, und nur von ihm ausgehend kann das Werk gute Früchte bringen. Dies muss immer wieder betont werden, um Irrtümer zu vermeiden, die sogar mit dem Leben des »Gefäßes« bezahlt werden können.

Unter dieser Voraussetzung kann man die Erhebung des irdischen Feuers (*kuṇḍalinī*) bewirken, so dass sich die Jungfrau-Königin mit dem Gemahl-König im Brautgemach des Herzens (*Rebis*) vereint. Aus dieser Perspektive kann die Scheidung als »Vereinigung« (*coniunctio*) betrachtet werden. Das

---

[1] G. Gichtel, *Theosophia practica II, 5*

[2] Dante, *Vita Nova II*

physische Feuer, das von den leidenschaftlichen (Entflammbarkeit) und triebhaften (Wässerigkeit) Überlagerungen entblößt ist, kann sich mit dem quecksilbrigen Seelenfeuer vereinen und dadurch ein einziges Feuer erzeugen, das von solcher Kraft und Ausstrahlung ist, dass es alle Dinge erneuert.

Es gibt verschiedene Methoden, das irdische Feuer zu erheben und mit dem himmlischen Feuer zu vereinen. Sie sollten den einzelnen Wesen angepasst werden, denn jedes Wesen ist durch bestimmte Eigenschaften, Neigungen und eine bestimmte Bewusstseinshaltung charakterisiert. Dem entgegenkommend gibt es im Osten verschiedene Arten von Yoga (in dem Sinn einer Vereinigung der *śakti* mit dem *puruṣa*), die den unterschiedlichen Bewusstseinspositionen der Schüler entsprechen.

93. Wenn du dem kabbalistischen Weg folgst, kann ich dir einige Hinweise geben, die dir bei der praktischen Durchführung nützlich sein können.[1]

Was ist zu tun, wenn du dich im Quaternär der *Sephiroth* befindest und den transzendenten, transpersonalen Punkt in *Tiphereth* siehst?

Nezach ist die Venus-Mutter der Individuation und ihrerseits Tochter von *Binah*, der universalen *großen Mutter*, Prinzip der Manifestation. Als zweite Ursache der Schöpfung repräsentieren ihr Impuls, ihre Kraft und ihr blinder Drang einen ungestümen Fluss, der all das, was in der Vierteilung existiert, erbarmungslos in die materielle Vergegenständlichung hinun-

---

[1] Zur Vertiefung der Lehre der *Qabbālāh* siehe Raphael, *La Via del Fuoco secondo la Qabbālāh ('Ehjeh 'Ašer 'Ehjeh)*, Rom 3. Aufl. 1999 und die englischsprachige Ausgabe, *Pathway Of Fire*, York Beach, Maine/ USA 1993

ter reißt (*Malkuth*). Diese blinde Kraft, die nach unten, in die Involution zieht, muss *gelenkt, rhythmisiert, gebremst* und *nach oben* (auf *Tiphereth*) *geführt* werden.

Dein Gold, dein Schwefel befindet sich nun im potenziellen Zustand, mitgerissen von diesem Meer, das dich zu *Malkuth* hinunter treibt. Du fragst mich vielleicht: Liegt es in der Natur der Dinge, dass dies so ist? – Nein, ganz im Gegenteil. Diese deine passive Haltung des Vergessens ist unnatürlich. Du kannst gelebt werden oder aber selbstständig leben und dein Leben durch vollkommene Beherrschung der *Nezach*[1] lenken.

Um das zu erzielen, musst du zuallererst dein schlafendes Schwefel-Feuer wiedererwecken. Die wässrige Strömung wartet auf ein Zentrum, einen sonnenhaften Willen, eine gelenkte Intelligenz, ein konzentriertes, stabiles, fixes, positives und herrschendes Feuer. Aus dieser Perspektive musst du die Tore von *Yesod* und *Malkuth* schließen und kraft des neuorientierten *Hod* in der Lage sein, die weibliche *große Strömung* zu lenken, indem du sie zuerst rhythmisierst und dann bremst. Es ist klar, dass du an diesem Punkt zwei scheinbar unterschiedliche Wirklichkeiten vor dir hast: Schwefel und Quecksilber, Sonne und Mond, Mann und Frau, König und Königin usw. Die Anweisung des Werks lautet, eine »chymische Hochzeit« zu vollziehen zwischen Schwefel und dem rektifizierten Quecksilber, zwischen König und Königin, die in ihre ursprüngliche Jungfräulichkeit zurückgebracht worden ist. Die Frucht der Hochzeit ist ein Sohn, größer und glorreicher als Vater und Mutter: *Tiphereth*.

Welches Mittel verschmilzt und vereint? Auf den Flügeln der Kraft und des Feuers, der schwefligen Hitze und, wenn du

---

[1] Nezach entspricht der *śakti* des *Vedānta*.

glaubst, der Liebe oder des Eros vollzieht sich die himmlische Hochzeit. Ich sage dir noch mehr: Eros ist der Meister des Werks. Und wo findest du deine Gemahlin? – In dir, denn *Nezach* fließt in dir; das heißt, bis heute war sie es, die dich mitgerissen hat und wahrscheinlich reißt sie dich nach wie vor mit Ungestüm in die Vergegenständlichung des *Malkuth*. Was sind in dir der Drang nach formalem Leben, nach Erfahrungen, nach Erwerbsgier, und jene Leidenschaften, die dich in den Strom des Werdens drängen, so dass du ohnmächtig wirst, trunken und betäubt? Was sind in dir diese zerstreuenden Eigenschaften des Verstands (*Hod*): das unaufhörliche Vorstellen und Projizieren, das Betrachten und Beurteilen, die dich daran hindern, konzentriert und auf eine Sache ausgerichtet zu sein? Was glaubst du, ist jenes *Sichverlieren* im Gedachten, was dazu führt, dass du gelebt, unterjocht und entfremdet wirst? – Es ist die Manifestation von *Nezach*, der herabsteigenden Venus, der irdischen Venus. Und dieser unaufhörliche, zerstreuende und entfremdende Strom wartet auf ein Zentrum, auf einen bewussten und festen Willen.

Durch die Hochzeit machst du deine Venus zu einer himmlischen. Die sexuelle Vereinigung auf der Ebene von *Yesod* und *Malkuth* ist nur das Symbol dieser gewiss auflösenden heiligen Vereinigung.

Und wenn das sonnenhafte Zentrum der mächtigen und geschmeidigen Mutter (Ozean), die die fließenden Formen erzeugt und gleichzeitig verschlingt, nicht die Stirn bieten könnte? – Das Problem ist delikat und sehr ernst. Wenn du jene sonnenhafte Würde noch nicht hast oder jenen Willen-Glauben-Eifer, der sich gegenüber der Veränderung behaupten kann, wäre es besser, du hältst an und verschiebst das Werk. Das alchemistische Vorgehen verlangt schweflige *Besonnenheit* mit der Kraft von Eifer, Kühnheit und Sein. Wisse, dass der Strom des Lebens, der nach unten zieht, voller »Ungeheuer«, giftiger Ausdünstungen und atavistischer Wesen und Inhalte ist. An diesem Ort haben sich Formen und Ereignisse niedergeschlagen, die nicht mehr auf der Ebene des *Malkuth* existieren. Er repräsentiert das Unbewusste und Unterbewusste des gesamten Individuationsprozesses, in dem du alles Mögliche vorfinden wirst. Und in diesem chaotischen Ganzen kannst du auch in vollständige Entfremdung geraten. Der Unvorsichtige, der sich diesem schuppigen und schwarzen, und doch mit großen Dingen schwangeren Amalgam nähert, kann zerbrechen und sich derart verletzen, dass er die individuelle Identität verliert, ohne das Lebensfeuer erobert zu haben. Aus der Begegnung mit dem Drachen gehst du entweder als Sieger hervor oder du wirst von seinem herabfließenden Strom mitgerissen. Wisse auch dies: Hast du dich einmal auf diese Erfahrung eingelassen – und zwar nicht nur theoretisch – kannst du nicht mehr zurückkehren. Jenes *solve et coagula* ist eine Reise ohne Wiederkehr: Entweder du überschreitest den Abgrund oder du wirst von ihm verschlungen. Wenn du jedoch die entsprechende Würde besitzt, wirst du feststellen, dass du gerade in der Umarmung mit der Mutter (alchemistischer Inzest) das Gewahrsein deiner Unsterblichkeit wiedererobern kannst. Zu deiner Ermutigung erinnere ich dich noch an dies: »Alles, worum ihr betet und bittet – glaubt nur, daß ihr es schon erhalten habt, dann wird es euch zuteil.«[1]

---

[1] *Markus XI, 24*

Vereinigung (Rubedo)

94. Es ist gut, einige Dinge präziser zu formulieren: Das alchemistische Werk ist ein außerordentlicher Prozess des *solve et coagula* (Auflösung und Integration), der auf verschiedenen existenziellen Ebenen wirkt. Dieses Werk kann darin bestehen, den so genannten vitalen Körper (*Yesod*) zu erobern, und zwar stets mit dem sonnenhaften Feuer; er ist der Ausdrucksträger des empirischen und metallischen Ich unmittelbar über oder tiefer im Inneren des physisch-dichten Körpers. Dieser ätherische *prāṇa*-Körper, »astrales Licht« (weil es silberfarben ist wie der Mond), ist die »Quintessenz« der dichten Materie. Wenn man diesen Körper verwirklicht, wie *Haṭhayogi* es tun können, besitzt man die vollständige Herrschaft über die vier physischen Elemente und daher die Kontrolle über die organischen Funktionen.

Das Werk kann auch ein *solve et coagula* in Bezug auf den *prāṇa*-Körper und den *kāma-manas*-Körper (*Hod-Nezach*) sein, genauer gesagt in Bezug auf den Astralkörper, oder in yogischen Begriffen auf das untere Feinstoffliche (*taijasa* bedeutet leuchtend, strahlend). Er ist ein anderer Ausdruckskörper des empirischen Ich, Mischung des Quaternärs.

Ebenso kann das Werk ein *solve et coagula* des *kāma-manas*-Körpers und jenes Körpers sein, der zur Seele gehört (*Tiphereth*). Nur auf dieser Ebene erfolgt der Bruch des Individuationsprozesses und daher des Ich-Quaternärs. Das ist der wahre Tod der Philosophen, weil man aus dem individualisierten Werden heraustritt und den universalen Christus-Zustand verwirklicht. Die Seele ist der Vermittler zwischen dem reinen Geist (*noûs*) und der Materie (χώρα), die Brücke, die Himmel und Erde verbindet. Christus oder *Tiphereth* ist die Brücke, die das Reich *Malkuths* und das Reich *Kethers*, den Vater in den Himmeln, oder das irdische und das himmlische Jerusalem miteinander verbindet. Aber zuvor muss Christus oder *Tiphereth* noch jene Worte »Ich und der Vater sind eins« verwirklichen. Und *Kether* ist, wie man weiß, die erste Bestimmung des *Ain Soph* (des metaphysischen Einen).

Wenn die »Gebrüder der Kunst« diesen kabbalistischen Hintergrund oder jenen der metaphysischen Lehre des Alten Ägyptens nicht haben, reduziert sich ihr Werk auf ein simples Scheiden des physisch Dichten (*Malkuth*) oder auf das Arbeiten in der Sphäre des vitalen *prāṇa* (*Yesod*) oder darauf, sich auch von dem zu trennen und sich im Astralkörper (Körper der individualisierten Begierden und Feld der Illusionen) zu fixieren, in dem man dann jene kleinen »Astral-Reisen« unternimmt, mit denen sich die Parapsychologie befasst, und sich dabei in der Welt der *māyā* verliert; oder ihr Werk reduziert sich auf das Ausüben einer Art utilitaristischer Chemie (Spagyrik). Nun ist es nicht das Ziel der hermetischen Überlieferung, sich mit der Welt der *māyā* (Eitelkeit der Eitelkeiten) zu beschäftigen. Ganz im Gegenteil, das reine Sein soll den Klauen des *māyā*-Drachen entrissen werden. (Wenn die Theorie fehlt, kann die Praxis gefährlich werden, weil man keinerlei Bezugspunkt hat. Und die Theorie, die nicht in die Praxis umgesetzt wird, ist lediglich ein steriler und zu keinem Schluss führender Intellektualismus.)

Die beiden Eckpfeiler des Baums der *Sephiroth* sind Sonne und Mond, Schwefel und Quecksilber, die sich in dem einen Feuer der mittleren Säule (*suṣumṇā* des Yoga) auflösen müssen, die ihrerseits zum metaphysischen Einen führt. Und die beiden Eckpfeiler versinken in *Malkuth*, wo sich das eingeschlossene Schlangen-Feuer befindet.

Das alchemistische Werk ist eine Methode des *solve et coagula*, die sich auf verschiedene existenzielle Ebenen erweitern kann. So ist die Alchemie genau gesagt keine Metaphysik, sondern – wie der Yoga – eine außerordentlich praktische Methode, die sich der überlieferten Philosophie bedient, das heißt, sich ihr bedienen *muss*. Dort, wo ihr diese Grundlage fehlte und weiterhin fehlt, degradierte die Alchemie nach und nach auf die Ebene der Spagyrik oder auf jene der simplen Umwandlung des gewöhnlichen Bleis in gewöhnliches Gold; das heißt, sie reduzierte sich darauf, eine utilitaristische Chemie zu sein.

95. Während die erste Phase des Werks aus Rektifikation, Auflösung des gewöhnlichen Feuers und Scheidung oder Vereinigung der beiden Feuer besteht (das Kleine Werk), agiert die zweite Phase mit dem Ziel einer darüber hinausgehenden *Integration*, die darin besteht, das quecksilbrige Feuer (☿) im noumenalen Feuer oder unverweslichen Schwefel (🜍) aufzulösen. Nur dann werden ⊖, ☿ und 🜍 zu einer Einheit (*tria prima*), und das Sein kann das *sat-cit-ānanda* des *Vedānta:* den ursprünglichen Willen, das universale Erkenntnisbewusstsein und die intelligente Kreativität wieder ausdrücken. Dann erkennt sich das Sein in seiner Fülle und seinem ganzen Ausdruck (das Große Werk).

96. Die erste Phase ist praktisch gesehen die schwierigste: Es ist kein leichtes Unterfangen, das quecksilbrige Feuer aus der Höhle des Saturn zu extrahieren, die Substanz von den

Verkrustungen verschiedenerlei (»irdischer« und »brennbarer«) Art zu entblößen, das quecksilbrige Bewusstseinszentrum (⊙) zu fixieren, damit es stabil wird wie eine Flamme, die der Wind nicht bewegt. Es wird behauptet, »es sei schwieriger, das Gold zu zerstören, als es zu machen«[1]. Nur die Beharrlichkeit, das Vertrauen in sich selbst, die rhythmische Wiederholung der Handlungen usw. können zum Ziel führen. Das Ganze muss als »richtige Dosierung« des Feuers verstanden werden.

> »Ihr sollt alles natur- und zustandsgemäß verstehen, ohne etwas anderes zu suchen, glaubt mir. Ich sage euch nur, dass ihr kochen sollt: Kocht am Anfang, kocht in der Mitte und kocht am Ende, ohne etwas anderes zu tun, so lange, bis sich die Natur zur Vollendung bringt.«[2]

> »Macht verdunstendes, leitendes, dauerhaftes, gewaltloses, feinstoffliches, umhüllendes, luftiges, geschlossenes, nicht brennbares, sich veränderndes Feuer.«[3]

Die verschiedenen Stufen, die im Kleinen Werk verwirklicht worden sind, wiederholen sich, auf einer höheren Windung der Spirale, im Großen Werk. Schwefel und Quecksilber, König und Königin, die im philosophischen Grab begraben sind, werden, indem sie der Hitze des Feuers ausgesetzt werden, extrahiert und vereinigt, bis sie ein einziges Ding (*Rebis*) sind.

So erhält man ein neues *solve*, und ein darauffolgendes *coagula* setzt sich durch.

---

[1] *De Pharmaco Catholico XI, 8*

[2] *Turba Philosophorum*

[3] Bernardo Trevisano

Auflösung des quecksilbrigen Feuers und Fixierung des unverweslichen Schwefel-Feuers. Sonne und Mond integrieren sich *in der Handlung des Feuers.*

Das Quecksilber ist nichts anderes als ein Widerschein des Schwefels, und das Blei ist nichts anderes als ein Widerschein des Quecksilbers, und die drei sind nichts anderes als eine Einheit, die in verschiedenen existenziellen Dimensionen operiert.

Geist, Seele und Körper (oder wie andere sagen: Seele, Geist und Körper, was dasselbe ist) sind nichts anderes, als eine Bewusstseinseinheit, die in den vielfältigen Zuständen des Seins wirkt. Man muss aber auch sagen, dass das Gezeugte weniger ist als das Zeugende, oder dass die Wirkung weniger ist als die Ursache. Der Geist enthält die Seele und den Körper in sich, und in seiner ungeteilten Einheit ist er ein In-sich-Vollendetes, jenseits von Zeit, Raum und Kausalität.

97. Nur Wenige können die Phase des *Albedo*, das »Werk der Weißung« verwirklichen, noch Weniger erreichen die Phase des *Rubedo*, das »Werk der Rötung«. Dennoch ist der Weg offen für alle Willigen und Kühnen.[1]

Denke daran, dass die Etappen, die du auf jeder Stufe der Askese durchlaufen musst, wenn du den »Feuerweg» gehst, folgende sind: fokales Zentrum (⊙), Rektifikation, Scheidung oder Loslösung, Fixierung und Aufstieg. Wenn du willst, kannst du nach dem Aufstieg bewusst und frei in deinen irdischen »Kelch« wiedergeboren werden, und zwar dieses Mal als König, als Herrscher, weil du dich zur Einheit gemacht hast, weil du die Würde von Agni, dem Gott des Feuers erlangt hast.

---

[1] Entsprechende Hinweise darüber in verschiedenen Büchern Raphaels

98. Dir, der du nach dem wahren *Rose + Kreuz* (hermetische Rose und Salz oder Kreuz der Weisen) strebst, dir, dem wahren Sohn des Helios, wage ich jetzt, einige Hinweise auf einen *ars brevis* zu geben, einen gewissen Weg, der überaus *trocken* ist, auf jenen *diamantenen* Weg des Blitzes, der nur für Wenige geeignet und nicht ungefährlich ist.

Fahre fort, dich mit dem Bewusstsein, das sich aus der salzhaltigen Zusammensetzung und seinen molekularen Reaktionen zurückgezogen hat, von der Masse der Gedanken, den mentalen Vorstellungen und von jeglicher Idee, die dir das gewöhnliche Quecksilber bietet, zurückzuziehen. Wenn nur noch *Stille* und Ruhe in dir wirken, habe das *Gewahrsein* einer Sättigung aus *Allmacht*. Nicht vorstellen sollst du dir das, sondern dir dessen bewusst sein. Du musst die universale, unsterbliche Feuerkraft *fühlen* und *sein*.

Dieses unverwesliche Feuer hat kein Ich, es hat keinerlei Träger und gehört nicht zu einem individualisierten Wesen. Nicht du – psychophysisches Ich – bist allmächtig, sondern das unpersönliche, umfanglose Fokalzentrum. Fühle dich also als dieses umfanglose, unpersönliche Bewusstsein, das für sich selbst auf sich selbst stützt. Sollte sich zufällig auf der Leinwand dieses Bewusstseins das Produkt eines irdischen Amalgams: ein Gedanke, ein Bild, ein Gefühl, ein Trieb usw. präsentieren, »töte« mit dem allmächtigen Auge Śivas oder einem Salpeter-Schlag dieses ungelegene »Zweite« und *fixiere dich* immer mehr im allmächtigen Feuer des schwefligen Gewahrseins. Wenn du die Kraft aufbringst, die Macht und die Kühnheit besitzt, das Zweite »anzuschauen« und gleichzeitig *fest* in dir selbst, unbeweglich, unbeirrbar und unerschütterlich zu bleiben – obwohl alles jenseits von allem ist –, wirst du sehen, wie sich das Zweite (die gewöhnlichen Irrlichter) aufklärt und das ⊖ eingeäschert wird.

Gegenüber dem »Ich bin der ich bin« verschwindet »Das, was nicht ist« durch die Anwendung höherer Temperaturen (🜂) wie Nebel im Wind. Man muss sich nur *durchsetzen*, *beweisen* und *sein*. Wenn es dir als Adler gelingt, den schlafenden Löwen zu reißen, wirst du ihm die Flügel anlegen und sofort mit ihm identisch werden müssen.

Pass auf, dass du nicht in diese Falle trittst: Es kann sein, dass sich die Scheidung und die Vereinigung mit dem Schwefel als illusorisch herausstellen, weil sich nur der *Eindruck* verwirklicht hat, von der mondhaften Welt getrennt zu sein. Es handelt sich hier um das mentale oder gewöhnliche Ich, das sich als losgelöst von eventuellen Gedanken oder Gefühlen *empfindet*. Es kann also passieren, dass du durch den sinnlichen Verstand, der ein peripheres oder indirektes Werkzeug der Wahrnehmung und der Erkenntnis des gewöhnlichen Quecksilbers ist, nur einen Widerschein der wahren Scheidung und Vereinigung erfährst.

Es kann sein, dass du, weil du eine entsprechende Freiheit und Unabhängigkeit des Ich erobert hast, die *guṇa*-Energien zwar auf gewisse Weise beherrschst, aber trotzdem zu Selbstgefälligkeit neigst und die Freiheit missbrauchst. Du musst zwischen der einfachen Beherrschung individualisierter, mit Eigenschaften versehener Energien, die natürlich nur eine relative Entscheidungsfreiheit gestattet, und jener wahren »alchemistischen Scheidung« unterscheiden, welche die Gesamtheit des sonnenhaften Zentrums (☉) umfasst.

Es gibt einen Punkt bei der »Scheidung«, an dem eine Stagnation des natürlichen Lebensprozesses eintritt, ein Prozess, der, wenn er nicht durch die alchemistische Erfahrung unterbrochen worden wäre, seinen normalen Bewegungsablauf fortgesetzt hätte. In diesem Zustand fühlt sich das empirische oder quecksilbrige Ich verloren und frustriert, da ihm Stütze, Bezug und Ausdruck fehlt. Es riecht den Tod und wird zum Kämpfer, um neue Kraft und Vitalität zu schöpfen. Um diesen kritischen Moment zu überwinden, sind festes Gewahrsein, tiefes Streben nach wahrer Befreiung und *Liebe zur Kunst* erforderlich, durch die sich die Verwirklichung mit einem erhabenen und kühnen Vereinigungsschwung mit dem schwefligen Selbst ereignen kann. Vergiss nicht, dass das alchemistische Streben ein ungemein mächtiges Mittel ist, ein *artifex*, ein Werkzeug, das in der Lage ist, deine magnetische Aura zu sättigen, die ihrerseits Ereignisse *reifen* lässt. Folge außerdem dem zutiefst esoterischen Grundsatz des heiligen Paulus, der besagt, dass der Glaube die *Substanz* erhoffter Dinge ist. An diesem Punkt der Krise können sich zwei Wege auftun: Der eine führt in die göttliche Welt, der andere in die Unterwelt. Wenn die entsprechende Reinigung erfolgt ist oder der Wille, das Selbst zu sein, über allem steht, schlägt man den ersten Weg ein, andernfalls wird das Bewusstsein begraben und das Werk zerstört.

99. Die Fixheit, von der ich dir erzählt habe, ist nicht Starrheit, denn sie hat nichts Psychisches oder Physisches an sich. Der Gleichmut ist keine Versteinerung oder Abwesenheit des Seins. Die Allmacht ist keine Gewalt oder der Zwang einer Überschreitung, sondern besonnene Ruhe, die durch unerschütterlichen Glauben und Gewissheit gesättigt ist. Beachte, dass eine Masse existiert, eine Stoßkraft, die mit der Materie oder Substanz in Zusammenhang steht. Diese Kraft oder Potenz ist *Eigenschaft* bzw. Qualität – der *Vedānta* spricht von *guṇa* –, welche der Materie, den Körpern wesensgleich ist. Wenn man

von Wille, Kraft oder Potenz spricht, fasst das empirische Ich diese Begriffe als materielle Eigenschaften auf. Die Potenz oder der Wille des Schwefels oder Geistes darf nicht mit den Eigenschaften der Substanz (*prakṛti*), mit dem Erdelement verwechselt werden.

Die wahre Allmacht ist Gewahrsein, Bewusstsein zu *sein*. Und das Sein ist unsterblich; Es ist Fülle, Aseität und Vollendung – im Gegensatz zum Werden, das eine bettelnde, dahinschwindende und gefangennehmende Erscheinung ist. Schau nicht auf die Welt der Erscheinungen oder Phänomene, streichle nicht die Sphäre der Zusammensetzungen, der Massen, sondern *fixiere* dich in einem Akt des Strebens, der Kühnheit, der Gewissheit und des Glaubens in dem, was du wirklich bist. Du, der du Mut hast, brauchst die verschiedenen Phasen des *Opus* nicht hinauszuzögern, da du, mit unerschütterlicher Würde jenes unbesiegbare Feuer des Seins entfesseln konntest. Ihm gegenüber gibt es weder kleine noch große Hindernisse, die das unsterbliche und höchste Gewahrsein aufhalten könnten. Für dich, der du wagst und erkennst, wird auch das Quecksilber nur zu einem Diener des Schwefels, und in diesen lässt es sich hineinziehen und absorbieren. Für dich, der du erkennst, ist gewiss, dass sich der Schwefel (🜍) letztlich von selbst als der einzige Haupthandelnde abzeichnet. Während andere mit dem kalten *Licht* des Logos oder mit der *Hitze* des Pathos die erforderlichen alchemistischen Umwandlungen schrittweise vollziehen, schwinge du dich ins Zeitlose auf, sei dir des Seins bewusst und falle selbst vor deinem ärgsten inneren oder äußeren »Feind« nicht wieder aus dem Zustand heraus. Aus dieser metaphysischen Höhe kannst du dir auch des Werdens in seinen metallischen und mineralischen Bereichen bewusst werden. Für dich ist es jedoch nichts als ein Spiel von Hell-Dunkel, eine Erscheinung, an der sich die Sterblichen auf fröhliche oder traurige Weise ergötzen.

Dieses höchste, allmächtige Gewahrsein, dieses schweflige Selbst steht hinter dem grobstofflichen Gefäß (⊖), es steht auch hinter dem quecksilbrigen Flüchtigen (☿), oder mit den Worten des göttlichen Platon: hinter der »Begierde erregenden und jähzornigen Seele«. Aber ich muss dir noch einmal sagen, es kann passieren, dass sich irgendeine *Potenz* oder Gruppe von Potenzen aufgrund der Wucht des Schwefels absondert, der dazu neigt, sich loszulösen und zu fixieren; und in so einer halben Freiheit kann dich diese Potenz *angreifen*, *beißen* und dadurch das sonnenhafte Selbst in große Schwierigkeiten bringen. Es wäre gefährlich, sich von den titanischen Kräften der mondhaften Zusammensetzung überwältigen zu lassen. Das sonnenhafte Selbst, das laut dem göttlichen Orpheus in einem *Grab* eingeschlossen ist, muss die schweflige Würde finden können, der es durch ihre Fixheit und ihren sonnenhaften Willen gelingt, den frei gewordenen titanischen Kräften Widerstand zu leisten und ihnen nicht nachzugeben. Wenn du glücklicherweise das Geschick hast, Widerstand zu leisten, kehren diese Potenzen schrittweise in die »Höhle« zurück (der Stier, der in die Höhle zurückgeführt wird), um sich aufzulösen (Tötung des Stiers).

Der Orphik zufolge ist unser Stein jene vergrabene, in ein *Grab* eingeschlossene Seele. Bei der orphischen Askese muss dieses Flüchtige erweckt, zum Himmel erhoben und mit dem Dionysos vereint werden. Die orphische *katàbasis* repräsentiert das schwarze Werk (*Nigredo*). Die alchemistische Rektifikation entspricht der typisch orphischen Reinigung. Die Scheidung des Flüchtigen vom Fixen entspricht der Ablösung des Dionysos in uns vom titanischen Element, und die Verbindung

Quecksilber-Schwefel entspricht der Vereinigung der Seele mit dem himmlischen Dionysos (universale spirituelle Sonne).

Was auch immer in deinem inneren, psychophysischen System (*Athanor*) geschehen mag, es soll dich, unsterbliche Allmacht, nicht interessieren. Lass jegliche »Aggressivität«, die aus deiner Unterwelt kommt, am unpersönlichen, unerschütterlichen und unbesiegbaren Gleichmut zerschellen. Lass jegliches Nachdenken über das Elend des Werdens angesichts der allumfassenden Stille zerbersten.

Wenn du weißt, wie du direkt zum »Ich bin der ich bin« fliegen kannst, und es kein Werden mehr gibt, wenn du dich in diesem Bewusstseinszustand ohne Zaudern, ohne Ängste, ohne emotionale oder begriffliche Beredsamkeit *fixieren* kannst, dann sagt dir die wahre Alchemie: Du bist *nach Hause* zurückgekehrt. Endlich erkennst du, dass du kein »Ofenbläser«, sondern schon immer ein wahrer Gott gewesen bist ... im Exil.

Schweflige Würde

»Jene Götter müssen zu mir kommen, nicht ich zu jenen.«

Plotin

100. In der egohaften Bruchstückhaftigkeit ist keine Würde. Sich Trieben, Emotionen, Leidenschaften und Vorstellungen zu unterwerfen, ist würdelos. Wenn du dich zu »Massenbewusstsein« machst, fehlt die Würde. Schwach sein ist würdelos. Gewalttätigsein ist würdelos. Fanatischsein ist würdelos. In der Leichtgläubigkeit ist keine Würde. Andere zu verachten ist würdelos. In der physischen oder psychischen Abhängigkeit ist keine Würde. Hassen ist würdelos. In der Angst ist keine Würde. In Rastlosigkeit und Gier fehlt die Würde. Um in Würde zu leben, ist eine klare innere Orientierung notwendig. Nicht die Worte an sich sind es, die eindringen und wirken, sondern die Ausströmung der inneren und schwefligen Würde. Es ist notwendig, eine unsichtbare, aber eindringliche Eigenschaft in sich zu wecken, die die übersinnlichen Kräfte anruft.

101. Die Würde auf der höchsten Stufe drückt sich durch den Zustand des Seins aus. Sei also Einheit, offenbare dich als blitzendes »Einauge«. Wer Einheit ist, ist sich selbst Gesetz, jenseits des sinnlichen Polarismus, jenseits von Ich und Nicht-Ich.

102. Wenn du unter Würde dein berufliches oder gesellschaftliches Ansehen verstehst, verstehst du nicht. Die Würde, über die man zu dir spricht, gehört nicht dem bettlerischen Ich an. Würde verlangt Askese, Verhaftungslosigkeit, Unbewegtheit, Stille.

Wer Würde hat, lehnt sich nicht hinaus, um Besitz zu ergreifen, denn er hat ja die Vollkommenheit und den Daseinsgrund bereits in sich.

Das sinnliche, phänomenale und empirische Ich bittet und beschwört, während das *wahre Wesen* den »Blick« fixiert und kundgibt.

103. Es gibt keine Macht, die dir hilft, wenn du ohne Würde bist. Der Schwache wird gebissen, weil er dem Gesetz seines Werden-Daseins folgt, aber glaube nicht, dass man dich zu Gewalt verleitet. Wer Angst hat, dem fehlt die Würde.

Was hat der *wahre Mensch* zu befürchten? Das Leid? – Es gibt kein Leid für den, der das Leid von Anfang an kennt. Das Leid erreicht das unverwesliche Feuer nicht. – Den Tod? – Es gibt Begriffe, die stehen nicht im Wörterbuch des Unsterblichen. – Oder das Leben? – Wer mit Würde handelt, enthüllt sich entsprechend und lässt sich nicht leben. Das Leben gehört dem, der »kommt und geht«, das Sein lebt aus dem Sein.

Man kann fallen, aber die Würde verlangt, besonnen, in Schönheit, ohne Lärm, ohne Selbstmitleid und ohne Reue wieder aufzustehen.

104. Das »eingeschlafene« Wesen lebt von Trugbildern, Halluzinationen, die es für wahr hält; es lebt von Meinungen. Das *wahre Wesen* ist sich selbst sein eigenes Licht, weil es Einheit ist. Das »eingeschlafene« Wesen wird, weil es von

Leidenschaften lebt, vom schuppigen Drachen besessen: Die Leidenschaft ist die Verkörperung einer dämonischen, titanischen Macht. Eine Leidenschaft anregen bedeutet, den entsprechenden Dämon zu beschwören. Es gibt allerdings Menschen, die wissen, wie sie mit Würde beschwören können, ohne besessen zu werden. Zorn, Angst, Gewalt und alle Leidenschaften *öffnen* dem Drachengott der Einschränkung und des Zwangs.

Würde verlangt, dem Dämon zu *befehlen* und mit den Mächten zu *kooperieren*. Die Welt des Werdens (*māyā*) besteht aus Gesetzen, Kräftemanipulationen und energetischen Spielen.

105. Man kann gespielt werden, man kann spielen, man kann jenseits von jedem erdenklichen Spiel sein. Wahre Würde gehört dem, der das Rad des Werdens drehen und gleichzeitig in *metaphysischer Unbewegtheit* verharren kann.

106. Würde ist ein Stil des Seins auf der Ebene des Vielfältigen. Das Ausdrücken dieses Zustands ist keine Frage von Techniken, so wertvoll sie sein mögen. Würde ist die Frucht eines höheren Formats, daher die Wirkung von Verwirklichung. Wer die Würde erobert hat, kann anklopfen und die Tore öffnen sich.

Die gute Handlung erzeugt Bindung, wenn Verhaftung besteht. Das würdevolle Wesen ist ganz eins mit seiner Richtung und kümmert sich nicht um das Zweite.

107. Solange das Individuum durch seine Form und Vorstellung, die es im Laufe der Zeit konstruiert hat, eingeschlossen lebt, kann es keine metaphysische Würde haben. Das Wesen muss den Sinn seiner eigenen Wirklichkeit begreifen und nicht ein von sich entfremdetes Bild projizieren. Wenn man

Adler ist, wäre es verrückt, sich für ein kriechendes Reptil zu halten.

Wenn du Würde hast, sei mutig und setze dich durch: Dann wird sich das universale Feuer formen, der grüne Drache, der *große Handelnde* oder die erste Substanz – wie auch immer man es nennen mag.

108. Wer Würde hat, hat keinen Zweifel, keine Ungewissheit und keine Angst, etwas zu tun oder nicht zu tun. Würde verlangt, dass das Wesen die Verkörperung von Gewissheit ist. Die Erkenntnis ist das Werkzeug, um jene Würde zu ergreifen, die nicht aus Fanatismus, Starrsinn, Stolz und Unwissenheit resultiert. Es gibt einen *Wunsch* zu tun und einen *Willen* zu sein. Ersterer ist Frucht des phänomenalen Ich, das mit Anstrengung, Spannung und auf der Ebene der Widerstände agiert. Das Sein hingegen bejaht und äußert sich mit Gelassenheit, Entschlossenheit und Gewissheit.

Wer begehrt, hat keine Würde: Das würdevolle Wesen ist »Einfachheit«, in der alles enthalten ist. Das Umfangreiche-Komplexe gehorcht dem Einfachen, das Bewegte dem Unbewegten, das Relative dem Absoluten, das Werden dem Sein

109. Das Wesen aus Würde theoretisiert nicht, diskutiert nicht, lenkt sich nicht ab, interpretiert nicht und muss auch nicht überzeugen: All das gehört zum *saṁsāra*-Ich, das Beistand und Bestätigung braucht. Das Wesen aus Würde ist unbewegt wie die nächtliche Sonne, die vom Zenith erstrahlt.

Würde ist Feuer, das verbrennen und einäschern oder entfachen, glühen und formen kann. Mit der Würde wird die Vorstellung zu Ausdruck, das Wort zu Verwirklichung, die Geste zu Befehl.

110. Hier wird dir nicht eine Theorie oder ein Aufsatz über Würde gegeben, sondern der Hinweis auf einen Zustand. Errichte deinen Tempel mit und auf der Basis dieser Würde. Die initiatische Lehre hat keine essayistischen Probleme, sondern präzise Aufgaben und wahre Verwirklichungen. Erinnere dich daher daran, dass unser Stein aus der Lösung zweier Substanzen entsteht: die eine ist metallisch, die andere mineralisch; die eine ist trocken und feurig, die andere kalt und feucht. Durch die intelligente Handlung des Feuers, das von der ☉ gelenkt wird, ziehen sich nun diese beiden antagonistischen Substanzen zurück und zersetzen sich. Aus ihrem Tod entsteht eine Rose von herrlichstem Glanz, welche die Tugend besitzt, die vier natürlichen Elemente zu vereinen und zu harmonisieren. Wenn du die Rose und das Kreuz verwirklicht hast, wird das Werk vollendet sein und du wirst *Rose + Kreuz* sein. Aber dann wird die Würde gewiss von dir verlangen, *incognito* zu leben; ich würde sagen: unsichtbar.

Alldurchdringendes Feuer

Die Verwirklichung gemäß der Liebe des Schönen

1. »Das weiter hinauf liegende Schöne, das zu erblicken der Wahrnehmung nicht mehr vergönnt ist, sondern ohne die Handhabe der Sinne sieht es die Seele und spricht es an: zu seiner Betrachtung muss man hinaufsteigen und die Wahrnehmung unten bleiben lassen. ...

Als das Erste ist anzusetzen die Schönheit, welche zugleich das Gute ist; von daher wird der Geist unmittelbar zum Schönen, und durch den Geist ist die Seele schön; und das weitere Schöne dann, in den Handlungen und Tätigkeiten, kommt von der gestaltenden Seele her; und die Leiber schließlich, welche man schön nennt, macht die Seele dazu; denn da sie ein Göttliches ist und gleichsam ein Stück des Schönen, so macht sie das was sie anrührt und bewältigt, schön, soweit es an der Schönheit Teil haben kann. ...

So geht es denen, welchen die Erscheinung eines Gottes oder Daimons begegnet ist, sie können die Schönheit anderer Leiber nicht mehr wie sonst bejahen; was aber erlebt erst der welcher das Schöne selbst schaut, an und für sich und in seiner Reinheit, nicht mit Fleisch und Körper befleckt, nicht auf Erden nicht im Himmel, sonst wäre es nicht rein, denn das alles ist fremde Zutat und Mischung und nicht ursprünglich, sondern stammt erst eben von jenem Oberen.

Sieht er nun Jenes, welches allen Dingen die Schönheit spendet, sie ihnen mitteilt so daß es dabei in sich verharrt und seinerseits nichts empfängt, und verweilt er in der Schau dieses Hohen und genießt seiner und wird ihm ähnlich, was für eines Schönen bedarf er da noch? Denn dies selber, da es in höchstem Maße Schönheit ist und ursprüngliche Schönheit, macht die welche es lieben schön und macht sie liebenswert.

Darum denn auch der größte, höchste Wettkampf der Seelen geht um dessentwillen ja die ganze Anstrengung geschah, nicht verlustig zu gehen dieser herrlichsten Schau, welche den der sie erlangt selig macht, da er seligen Anblicks genießt. Wem es aber nicht glückt der ist wahrhaft unglücklich; denn nicht wer schöne Farben und schöne Leiber, nicht wer Macht, Ämter, den Königsthron nicht erlangt, ist unglücklich, sondern allein wer dies eine nicht erlangt, dessen habhaft zu werden einer Königsthron und Herrschaft über die ganze Erde, über das Meer und den Himmel fahren lassen soll, ob er vielleicht, wenn er das alles hinten lässt und gering achtet und sich jenem Einen zuwendet, es erblicken könnte.

Aber welches ist nun der Weg, welches das Mittel? Wie kann man eine überwältigende Schönheit erschauen, die gleichsam drinnen bleibt im heiligen Tempel und nicht nach außen hinaustritt daß sie auch ein Ungeweihter sehen könnte? ...

Man muss nämlich das Sehende dem Gesehenen verwandt und ähnlich machen, wenn man sich auf die Schau richtet; kein Auge könnte je die Sonne sehen, wäre es nicht sonnenhaft; so sieht auch keine Seele das Schöne, welche nicht schön geworden ist. Es werde also einer zuerst ganz gottähnlich und ganz schön, wer Gott und das Schöne schauen will.«[1]

---

[1] Plotin, *Enneaden I, 6 ebd.*

2. Das Individuum ist eine klingende Saite, die entweder auf den Ton des kosmischen Musikers gestimmt ist oder dissonante, unangenehme Töne hervorbringen kann. Die höchste Musik bietet Schönheit des Einklangs, daher noetische Glückseligkeit.

Es gibt arhythmische und eurhythmische Seelen, die passende tonale Verhältnisse schwingen lassen können. Der Einklang mit dem Universalen nennt sich auch Liebe. Liebe ist richtige tonale Beziehung, richtiger Tonakkord, daher verströmt sie wunderbare Sphärenmusik; sie ist Melodie, die belebt und verklärt.

Zwei Seelen oder schwingende Saiten, die sich *begegnen*, erzeugen Einklang, Liebe, Harmonie und Schönheit, die den Raum, der in Erwartung ist, verherrlichen.

3. Zwei farbige Strahlen, die in Einklang sind, erzeugen Konsonanz. Zwei Wesen, deren Denken in Einklang ist, enthüllen ausstrahlende Liebe oder alldurchdringendes Feuer.

Liebe-Harmonie ist Einklang zweier Bewegungen, zweier Blicke, zweier Gedanken, welche das Geschaffene verherrlichen.

4. Wenn ein negativer Pol einem positiven Pol sein Herz öffnet, bricht blitzendes Wetterleuchten aus und der Raum genießt den Rausch der Schönheit.[1]

5. Sich auf den Rhythmus des Herzens einstimmen, ist Liebe. Zwei Saiten auf die schwingende Schönheit des Lebensfeuers einstimmen, bedeutet, Liebesflammen zu enthüllen.

---

[1] Siehe das Kapitel »Sistemi polari« in *La Scienza dell' Amore, a.a.O.*

Liebe ist Schönheit; sie schenkt Freude ohne Besitz und ohne Getrenntheit. Schönheit ist die Wirkung tonaler Einklänge, das richtige Verhältnis von Proportionen, vergleichbar mit der universalen Wahrheit. Eine Rose entfesselt Schönheit, die bezaubert. Zwei Herzen, die bewegende Rhythmen schwingen lassen können, bezaubern. Wahrheit, Liebe und Schönheit sind die Synthese des Lebens, sie sind praktisch wirkende »Prinzipien«, die das empirische Wesen verklären, das sich zu öffnen weiß.

6. Die Melodie ist die Wirkung zweier übereinstimmender Punkte, während die zentripetale Liebe die Wirkung missklingender Töne ist. Es gibt tausende Bücher, die zahlreiche Dinge lehren. Aber nur ein ausstrahlendes Herz kann das Geheimnis einer aufblühenden Blume, den Zauber einer Morgendämmerung enthüllen.

7. Meine Hände sind der Widerschein der deinen,
mein Gesicht ist die Rückstrahlung deines Gesichts,
meine Pupillen spiegeln sich in deinen,
mein Herz ist eine Projektion von dir.
Ich bin du, und du lebst in mir:
Wir sind eins, weil du ohne Zweites bist.

8. Der Verstand analysiert, wägt ab und vergleicht, das Herz fasst zusammen, versteht und enthüllt. Die Individualität stellt Barrieren auf und reagiert, das ausstrahlende Herz kennt weder physische, psychische noch spirituelle Abgrenzungen.

9. Im großen Orchester des Geschaffenen gibt es nichts Anziehenderes als eine Begegnung. Wenn sich zwei Seelen

einander nähern, erfüllen Engelsharmonien den Raum und stimmen Akkorde der Eurhythmie an.

10. Enthülle den Zauber des Einklanges, vergiss das misstönende Unterbewusstsein. Das große Geschenk der Liebe lebt in deiner Anschauung, die auf die Klangfarbe deines unvergänglichen Selbst gestimmt ist.

O du, der du verstehst, zerreiße mit dem Blitz des Liebesfeuers die Finsternis, die dich erdrückt.

Dein Atem sei Aufschwung in Richtung Schönheit; genieße den Gleichklang der Lieblichkeit und berausche dich an der höchsten Idee des Schönen.

11. Das Schöne ist das, was verzaubert, beruhigt und erhebt, denn es entspricht dem Wahren, das zur Stille führt, die reich an Glückseligkeit ist. Das Schöne ist reines, ichloses Verstehen. Ergreife es mit Würde, aber in der Stille deines Tempels.

Das Schöne macht eine sensible lebendige Saite heiter, das Schöne ist Verzückung, die vereint und verschmilzt, das Schöne ist Lieblichkeit, die jede Verschiedenheit transzendiert. Das Schöne sublimiert das enthüllende Leben, es vereint die manifesten Wesen. Das Schöne ist ausgeglichenes Klangfeuer. Fange es ein und verzücke dein Instrument, das in Erwartung ist.

12. Es existiert ein Schönes und es existiert eine Schönheit. Ersteres ist ein emotiv-repräsentatives Begehren des sentimentalen, separativen und konfliktgeladenen Ich, die Schönheit ist Korrespondenz der Teile, die Gnade einer Geste oder – auf einer höheren Windung der Spirale – das gemeinsame Schwingen mit dem Sein. Das ist das Leben, abgestimmt auf das Leben.

13. Liebe ist Schönheit, weil die Liebe ein Tanz ist, der die Vereinigung, den *Geschmack* des Seins, die intelligible Glückseligkeit *genießen* lässt *(rasa)*. Sie ist erhabener tonaler Einklang der Prinzipien. Schönheit ist Liebe, weil die Schönheit in vollkommenem Gleichklang mit der Idee ist. Sie ist das Ausströmen einer heiteren Bewegung, Erfüllung des universalen Gesetzes und der universalen Ordnung.

14. Ein Stern ist ein Ton, ein Planet ist ein Ton, ein manifestes Wesen ist ein Ton. Wenn du in der Lage sein wirst, das Ganze zu harmonisieren, wenn du in der Lage sein wirst, mit dem Feuer des Eros melodischen Gleichklang zu erzeugen, dann wirst du auf dem Weg des Einklangs sein, auf dem »Feuerweg«, dem Weg des Wahren und der Schönheit.

15. Lass die Saiten des Regenbogens erklingen und raube das Ohr jenes Menschen, der die Sphärenmusik nicht hört. Die Verwirrung krümmt unter dem Beil des Konflikts. Träufle das ausstrahlende Feuer der Wahrheit, Harmonie und Liebe in die traurig gewordenen Augen der Menschen.

Mach jene, die anklopfen, zu Harfen, welche die Wasser des Raums bezaubern.

16. Wenn die zwölf Saiten des Herzens im kosmischen Raum erklingen, wird das Leben den Glanz der Wahrheit, Liebe und Schönheit enthüllen. Erst dann wird die Sphärenmusik in all ihrer anziehend-verführerischen Harmonie zu hören sein.

17. Der »Feuerweg« ist die Kunst, sich selbst als universale Musik zu entdecken. Er ist die Kunst, sich wiederzufinden, sich wiederzuerkennen und in Begriffen der Wahrheit, Liebe und Schönheit zu denken und zu handeln.

Du bist ein Ton, den der große universale Musiker seit undenklichen Zeiten erklingen lässt: Finde dich wieder und offenbare dich als Ton, der schwingt. Das Leben antwortet auf deine Symphonie.

Denke daran, dass die wahre Musik (*saṁgīta*) den Kreislauf von Geburt und Tod unterbrechen kann (*vimuktida* bedeutet: Schenkerin von Befreiung). Anderseits basiert die gesamte Struktur des Universums auf dem Klang.

Wenn du deinen Grundton findest und ihn erklingen lässt, antwortet dir der Körper mit dem Atem des Eros.

Meditiere über die Gesetze, die der Beziehung zwischen Verstand und Klang, Bewusstsein und Licht-Feuer unterliegen.

Der physische Körper resultiert, als organisiertes Leben, aus Klang. Wenn der Klang aufhört, tritt der Tod ein; das heißt, die Atome und Moleküle trennen sich und lösen sich auf, weil keine *Kohäsionskraft* mehr besteht.

18. Denke an den Einklang, sprich von Teilhabe, schenke Verständnis, beweg dich in rhythmischer Schönheit, lebe den Ton der Liebe und Wahrheit: Der Schüler des »Feuerwegs« schreitet in Würde, mit Besonnenheit und Milde einher.

19. Wer keinen Einklang erzeugt, bleibt als »empirisches Ich« allein mit sich selbst. Die Einsamkeit gehört einem lebendigen Ton, der seinen Platz im großen Orchester des Lebens noch nicht gefunden hat. Oft schwingt der Ton so arhythmisch, dass es schwerlich gelingt, sich auf den *großen Musiker* einzustimmen.

Wenn du die Einsamkeit, die dich bedrückt, besiegen willst, musst du die individualisierten Ego-Klänge transzendieren und dich mit den tausend Sonnen in Einklang bringen, die an der Leinwand des *großen Architekten* befestigt sind.

20. Wenn sich ein Herz öffnet, antwortet der *Raum* gemäß dem Gesetz der Natur. Wenn das nicht geschieht, wurde ein falscher Ton angeschlagen: Harmonie und Liebe besitzen – wie das Licht – eigene Schwingungsfrequenzen.

21. Denke nicht, dass die Liebe das ist, was sich auf sinnlicher oder instinktiver Ebene äußert. Diese Schwingungen sind, vor allem, wenn sie sich selbst überlassen werden, stumpf und misstönend. Noch nie konnten sie befriedigen, andernfalls hätte die menschliche Spezies schon längst ihr Glück gefunden.

Oft wird das Begehren – und die darauffolgende Befriedigung – mit Liebe verwechselt, die jedoch weder Begehren noch Befriedigung von irgendetwas anderem ist. Im Begehren ist Aneignung, Besitz, Verwirrung und Einseitigkeit enthalten. Im Begehren herrscht der Geist des Bewahrens, im Begehren finden sich die Samen von Konflikt und Leid. Jedes Begehren entsteht durch *Rastlosigkeit*, und sie drängt zu Befriedigung und Spannungsentladung.

Rastlosigkeit entsteht durch einen Missklang der psychophysischen Schwingungen. Missklang, Rastlosigkeit, Begehren und Aneignung repräsentieren den hermetischen Drachen, der sich in den Schwanz beißt.

Die Liebe keimt nicht in solch einem Boden; sie kann nur in einer Umgebung entstehen, die gesäubert, gereinigt, rektifiziert und erhöht worden ist.

Liebe-Einklang ist die Abtötung des konfliktgeladenen und separativen Ich, ein ruhiges und heiteres Glück, *pax profunda*. Die Liebe ersehnt nicht, sucht nicht, vergleicht nicht und beurteilt nicht.

Kann die Liebe Liebe haben wollen, wenn sie selber Liebe ist?

Kann die Erkenntnis Erkenntnis haben wollen, wenn sie selber Erkenntnis ist?

Die Liebe ist schöpferisch und verwandelt alles, was sie berührt. Das sinnliche Begehren nimmt gefangen und macht stumpf. Die Liebe enthüllt Klänge und Pausen, Bündel aus Farben sowie neutralen Raum, und das ist Vollendung.

In der Liebe schwingen zwei Seelen in Freiheit. Im sinnlichen Begehren findet eine gefangennehmende Befriedigung psychophysischer Bedürfnisse statt. Die sinnliche Liebe ist Nostalgie nach dem verlorenen Paradies. Du darfst dir die Liebe nicht aneignen, du brauchst sie nur zu enthüllen; sie ist in dir.

Die richtige Anrufung wird die ausstrahlende Energie anziehen, die ihrerseits das menschliche Leben formen wird in modulierten Begegnungen.

22. Egoismus ist Eigenliebe und wird oft mit wahrer Liebe verwechselt. In der wahren Liebe herrschen Toleranz, Verständnis, *Freiheit*; Vergebung, Abwesenheit von Beurteilung und emotionale Stille; Intelligenz und *Wärme*, die ohne Einschränkungen wachsen lassen.

Nur wer das individualisierte Feuer besiegt hat, kann lieben.

23. Die Liebe repräsentiert den Weg der Vereinigung *par excellence*. Sie beinhaltet, sich bedingungslos, widerstandslos zu schenken, ohne die unterbewusste Arhythmik dazwischen zu stellen. Um lieben zu können, muss man für das separative Ich sterben. Notwendigerweise muss man vollkommen verfügbar sein.

In der wahren Liebe ist jedes Begehren gestorben, jeder Anschein von Ego-Leben hat aufgehört, jedes individuelle Verlangen ist transzendiert. Es gibt nichts Kostbareres, als sich zu schenken, als sich zu vergessen, als sich dem Rausch der Vereinigung hinzugeben. Das *Prinzip* ist die Krönung der wahren Liebe.

24. Disharmonische Rastlosigkeit führt zu Begehren und Bewusstseinsveränderung, verändertes Bewusstsein führt zu gefangennehmender Handlung, gefangennehmende Handlung führt zu kontinuierlicher Wandlung und Veränderung der schwingenden Saite, Wandlung und Veränderung der Saite führen in die Dimension von Zeit und Raum, die ihrerseits in Begrenzung und Konflikt führen; und wer in Konflikt lebt, ist dissonante Musik.

25. Wer sich um die eigene Achse dreht, wer in sich zentriert lebt, erzeugt kein Begehren, sondern enthüllt einfach den Klang des *großen Musikers*.

Wer das Zentrum erreicht, erobert den gesamten eigenen Klangraum, und das ist Vollendung.

Das Begehren, die Übertragungsbewegung oder Denkmodifikation drängt das Individuum zu Aneignung, in Werden und Zeit-Raum. Wer liebt, braucht das Bewusstsein nicht zu verändern, weil es ja alles umfasst.

Wer liebt, braucht die schwingende Saite nicht zu verändern, da sie die vollkommene Harmonie der Sphären erklingen lässt.

26. Kann es für ein Selbst, das ohne Getrenntheit und Aneignung ist, ankettende Handlungen geben?

Leben und die eigene Natur, die Natur des Einklangs enthüllen bedeutet, den Raum der Liebe zu aktivieren. Was kann man wollen, begehren, annehmen oder ergreifen, wenn man jenes unvollkommene Ich nicht hat, das ergreifen, festhalten, begehren und annehmen will?

Du musst die Bewegung verstehen, die keine Bewegung nötig hat, die Handlung, die keine Handlung sucht, die Liebe, die keine Liebe verlangt, das Feuer, das kein Feuer braucht.

Wenn du dich als Handlung ohne Anziehung-Abstoßung ausdrückst, wird sich der »Ich-Sinn« auflösen, und du wirst die reine Handlung, die reine Bewegung, das reine Sein, die reine Liebe, das reine Feuer enthüllen können.

Wer keinen »Ich-Sinn« hat, steht außerhalb der Eigenschaften des »Ich«, wer keine Eigenschaften des »Ich« hat, begehrt und vergleicht nicht, kritisiert und sammelt nicht, sucht nicht und nimmt nichts weg, sondern enthüllt sich einfach selbst als Liebe und Einklang des Lebens.

27. Die anderen lieben bedeutet, sie in unsere schwingende Saite *einzugliedern*. Daher sind Harmonie und Liebe kein Akt der Identifikation mit den Emotionen und den Körperformen der anderen, die lediglich die Gefäße sind, mittels derer sich die Harmonie enthüllt. Es geht nicht darum, sich von der psychischen Bewegung anderer verstricken oder überwältigen zu lassen. Mit anderen Worten ist Lieben also keine passive Schwäche, sondern eher das Ruhen in der prinzipialen Identität, im universalen Ton.

Schau nicht auf das kondensierte oder individualisierte Feuer, sondern auf die *Essenz* des Feuers.

28. Die Liebe ist keine Mattigkeit, keine Passivität, kein Entgegenkommen; sie ist kein Erbarmen, kein Mitleid, keine Nachsicht; sie ist kein Geben dessen, was andere leichtfertig begehren, verlangen oder fordern mögen.

Liebe ist Verständnis, und wo Verständnis herrscht, ist auch Anschauung und Unterscheidungsgabe, richtige Bewertung und Kenntnis des Geschehens.

29. Hitze wird durch die Beschleunigung der Atome, Kälte durch die Verlangsamung der Atome verursacht. Je mehr Bewegung, desto mehr Hitze, je größer die Trägheit, desto größer die Kälte.

Die Liebe erreicht eine solche Schwingungsintensität, dass sie einen Hochofen aus Feuer erzeugen kann, der die Ketten der Getrenntheit sprengt. »Gott ist verzehrendes Feuer.«[1]

30. Wenn du in Einklang mit dem Universalen bist, verstehst du Seine grenzenlosen tonalen Eigenschaften, die Es mit Hilfe von Körpern oder Gefäßen ausdrücken will.

Vielleicht gibt es in deinem gegenwärtigen Stadium Lebensäußerungen, die dir missfallen, aber denke daran, dass auch sie Teil jenes universalen Einklangs sind, den du gerne verwirklichen würdest.

Verstehen bedeutet assimilieren, aufnehmen, zusammenfassen, vereinen, integrieren.

31. Der Friede des Herzens tritt ein, wenn du alle offenbarten Polaritäten wieder in ihm vereint hast; wenn du, nachdem du den vereinigenden Einklang erreicht hast, weißt, wie du in deiner »göttlichen Verhaftungslosigkeit« still verharren kannst.

Denke daran, solange du auf einer bestimmten *Lebenspolarität* wirkst, stellst du dich in Gegensatz zu anderen Pola-

---

[1] *Paulus-Brief an die Hebräer 12, 29*

ritäten und lebst nicht in Einklang mit der universalen Symphonie. Das harmonische Wesen handelt nur, um die »individualisierten Kräfte« ins Gleichgewicht zu bringen, es hängt aber weder an einer besonderen Ausdrucksenergie noch an der Handlung oder an ihren Früchten.

32. Das harmonische Wesen steht in liebevollem Einklang mit den vielfältigen lebendigen Tönen, nachdem es der Herrlichkeit und Schönheit des Ganzen seinen »Ich-Sinn« dargeboten hat.

Es gibt kein höheres Streben und kein schöneres Ereignis, als sich dem Universalen zu *schenken*, sich dem noumenalen Feuer *anzubieten* und sich der alldurchdringenden Schönheit *hinzugeben*.

Wer den Einklang ausdrückt, lebt auf der manifesten Ebene in Harmonie mit der Erdscholle, dem Rauschen des Wassers, mit dem Gesang der Vögel und dem Funken des Feuers.

33. Wie die Sterne, die den Raum durchlöchern, den Kurs der kosmischen Bewegung angeben, so enthüllt der Blitz des alldurchdringenden Feuers die Quelle jeder lebendigen Regung.

34. Wenn das Eine ein Herz ist, das pulsiert und den Fluss des Lebens rhythmisiert, wie sollte man anders als in Begriffen des Herzens über die Existenz nachdenken?

35. Wenn du beginnst, das alles durchdringende Feuer – Einklang-Wahrheit-Liebe – zu erfahren, wirst du bemerken, dass es sich in stillem und maßvollem Verständnis, bewegungslosem Verharren im Bewusstseinszentrum und in einer Hingabe auflöst, die aus Nachgeben resultiert.

36. Wenn du am Handeln zweifelst, enthüllst du die ausstrahlende Liebe oder Harmonie nicht, die alles erhebt. Harmonie-Liebe ist vollkommener Einklang mit der *Gewissheit* und Unsterblichkeit des alles durchdringenden Klangs.

Durch die Liebe entfesselt sich die richtige Musikalität des Bewusstseins.

Wer in Ungewissheit lebt, erfährt sensorische Ego-Bewegung, der erkennt nicht und versteht nicht.

37. Zwei musikalische Töne können sich aufeinander abstimmen, wenn sie demselben Klangprinzip angehören. Zwei *Lebenstöne* können sich aufeinander abstimmen, sich lieben und durchdringen, wenn sie demselben Lebensprinzip angehören.

Einklang und Liebe beinhalten Einheit, weil sie gerade-ungerade, negativ-positiv in sich enthalten. Sie sind also nicht die Wirkung einer sinnlichen anziehend-abstoßenden Reaktion, sondern repräsentieren eine *Begegnung* mit dem Leben, mit dem ursprünglichen Klang des Lebens.

38. Sei nicht traurig wegen deiner Loslösung von der sinnlichen Welt. Wenn du eine bestimmte Ausdrucksform absurd findest, musst du den Mut aufbringen, in eine neue Welt aus Schönheit zu fliegen, in der die Gewissheit der Unsterblichkeit vorhanden ist.

39. Freue dich feurigen Geistes, erlebe das Mitgefühl des Wiedererwachten, lass den Schöpfungsrhythmus des vollendeten Musikers erklingen, stille das blutende Herz, höre dem Gesang der Nachtigall und dem Rauschen des Baches zu.

Das Leben quillt über vor soviel Ausstrahlung und das Sein manifestiert die Schönheit seines Einherschreitens. Stähle dich und verschenke dich. Du bist nur ein Ton im universalen Strudel des Lebens.

40. Nicht durch eine Flucht vor der Welt kannst du die Welt besiegen, nicht durch eine Flucht vor deinen Leidenschaften kannst du das leidenschaftliche Trugbild besiegen, nicht durch eine Flucht vor dem Schmerz kannst du den Schmerz besiegen, nicht durch eine Flucht vor deiner Verantwortung kannst du die Ereignisse beherrschen. Deinen Sieg über die sinnliche Welt kannst du im geeigneten Augenblick durch intelligentes psychologisches Verhalten, bewusste und heroische Schwungkraft und das Überwinden des Hindernisses erreichen. Zur Transzendenz führt nur der allumfassende Einklang, nicht aber Flucht noch Ego-Befriedigungen oder Alibi-Projektionen.

41. Die Unvollkommenheit besiegt man durch das Verständnis und den Eifer, der nach *oben* strebt, nicht durch einfache Zurückhaltung im Denken oder Handeln. Ein verstimmtes Instrument muss auf der Basis eines Tons gestimmt werden. Und du, Instrument des Lebens, auf welchen Ton versuchst du dich abzustimmen?

Der wahre Schweigende (*muni*) ist ein Weiser, der mit dem Prinzip in Einklang steht, weil er Einheit ist.

Wenn du dich in Stille begibst und kein Weiser bist, wisse, dass du in Gehemmtheit lebst. Der Weise wird, nachdem er das Wesen des Klangs verstanden hat, zu einem Schweigenden. Seine Stille ist keine zwangsweise auferlegte, sondern die natürliche Konsequenz darauf, dass er *verstanden*, die Irrlichter gelöscht und den arhythmischen und kreischenden Missklang aufgelöst hat.

42. Die Errichtung des Tempels aus Licht muss erfolgen, indem man die missklingenden Töne versteht und beherrscht, damit sie in Einklang mit dem Prinzip schwingen. An diesem Punkt wird der menschliche Tempel zu einem Resonanzkörper des harmonischen und schöpferischen Klanges, der durch den *großen Musiker* erzeugt wird.

43. Was ist Einklang mit dem Leben? – Ein »Sichabstimmen« auf die Rhythmen des universalen Musikers. Der Einklang verlangt allerdings, dass die missklingenden, abtötenden Töne aufgelöst werden.

Wenn du in universalem Einklang lebst, findest du die Lösung für all deine Probleme, auch für jene, die die Ernährung des Körpers betreffen.

44. Den Einklang erfahren bedeutet, sich in dem *einen Leben*, in der Welt der Ideen, im Sein *wiederzufinden*; es bedeutet ferner, die verschiedenen Töne des Lebens als Ausdrucksformen der großen universalen Symphonie anzuerkennen.

Wer »gestimmt« ist, wird zu harmonischer *Einheit*, zu einem Wesen, das Sanftheit und Schönheit gestaltet. Wer richtig gestimmt ist, formt die Welt des sinnlich Wahrnehmbaren gemäß dem Ton des Intelligiblen.

45. Falls es dir schwer fällt, dich auf das Leben einzustimmen, liegt es daran, dass deine individualisierten Töne ziemlich missklingend sind. Manchmal braucht es Zeit, sich auf den großen Musiker einzustimmen, weil es darum geht, Töne, Oktaven, Wellenlängen usw. zu übertragen. Deshalb verlangt der Einklang ein gutes *Gehör*, einen inneren Geschmacksinn und eine Empfänglichkeit der Bewusstseinssaite, abgesehen na-

türlich von dem bewussten Vorhaben, fleißig musizieren zu wollen.

46. Denk daran, es gibt Seelen, die in Harmonie ertrinken, und andere, die sie beherrschen und lenken können. Die einen sind Sklaven des Schönen, die anderen beherrschen es; sie können es sogar transzendieren und sich in die metaphysische Stille, den nicht-manifesten Klang begeben.

47. Jede Form ist eine Verbindung aus Tönen, Rhythmen und Harmonien; die archetypische Komposition darin zu entdecken bedeutet, Formen auf der Grundnote des universalen Musikers bilden zu können.

Eine Körperform hat ihre Klanghöhe, Klangintensität und Klangfarbe; sie ist Ausdruck einer musikalischen Ordnung.

Orpheus beseitigte durch sein Lyra-Spiel die Missklänge und Arhythmik der niederen Natur der Wesen.

48. Ein schönes Gesicht besteht aus einer wohl proportionierten Tonfolge; sie erzeugt einen leuchtenden Rhythmus, der vielen Wesen Sanftheit und Milde schenkt.

Wenn dann die Seele, die sich hinter jenem Gesicht verbirgt, ebenfalls auf den klanglichen Archetyp der Schönheit gestimmt ist, bildet der Gesamtton eine so starke Harmonie, dass sie Menschen wie Götter fesselt.

49. Hässlichkeit und Schmutz sind Missklänge, die vor der archetypischen Kadenz des Schönen zurückweichen.

Der mentalen Tastatur ist es nicht gelungen, die Hymne an die Lieblichkeit und an den Einklang anzustimmen, aber das bedeutet nicht, dass der individuelle Musiker nicht wieder eintreten kann. Der Misserfolg verhindert nicht den Erfolg. Notwendig ist, die musikalische Empfänglichkeit neu zu schulen und sich vom chaotischen und neurotischen Klang der sinnlichen Welt zu trennen.

50. Der Einklang gibt jene Glückseligkeit, die nicht als sinnliches oder auf Aneignung bezogenes Glück zu verstehen ist. Der Einklang, von dem die Rede ist, ist übersinnlicher Ordnung, so wie jene Musik, die labt und erfreut.

Die Musik der sinnlichen Welt ist eine Oktave tiefer als jene der übersinnlichen Welt. Wie könnten sich Zauber und Liebreiz einer Morgendämmerung in einen Begriff, in einen Klang einschließen lassen? Wie könnte sich die Kenntnis kosmischer melodiöser Rhythmen auf materielle Töne übertragen lassen? Wie könnte der klingende Fluss des Lebensuniversums erstarren?

51. Die Aufgabe des Musiker-Aspiranten ist es, sich den Harmonien des archetypischen Klangs zu öffnen. Wer auf dem Weg ist, ohne die Kunst des *Zuhörens* und *Schwingens* erlernt zu haben, dem missglückt das Werk ganz gewiss.

Viele Aspiranten wollen Einklang und Harmonie, ohne die Bewusstseinssaite neu zu schulen.

52. Nicht das Getöse der Welt, das mit dem Schönen nicht in Einklang ist, hindert dich daran, den richtigen Ton zu finden und den Einklang schwingen zu lassen. Leider ist es dein Bewusstsein, dem es, eingetaucht in diesen Lärm, nicht gelingt, sich davon loszureißen, um an einem zentralen, von allen Punkten gleichweit entfernten Zentrum zu verharren.

Die Bildung eines »unbewegten Zentrums« in deinem Klangraum ist unumgänglich, wenn du bei der Erweiterung deiner Einsicht vorankommen willst.

Dein »Ich« stellt höchstwahrscheinlich tausende Hindernisse sentimentaler, moralischer, intellektueller und anderer Ordnung auf. Wenn du dich dann aber entschieden hast, durchtränke dich mit der Macht des Eros und verbrenne die Trugbilder, die ihr Spiel mit dir treiben.

53. In deinem Unterbewusstsein hausen unvereinbare Töne, die dich in Missklang sperren. Aber warum blickst du auf das, was tot ist? Warum beschäftigst du dich mit den Verstorbenen? – »Lass die Toten ihre Toten begraben« und wende deinen Blick, o Wunderbarer, dem gegenwärtigen Schönen zu, das Enthüllung sucht.

Wenn du jenem missklingenden Zimbelzischen, das in den Mühlen der Zeit vergeht, widerstehst, hast du die Unstimmigkeit besiegt. So wird es dir leicht gelingen, dich auf den kristallinen Ton des *großen Musikers* einzustimmen.

54. Der Urklang des Lebens unterteilt sich in viele Töne und Harmonien, und die trillern auf der Tastatur der Zeit.

Im manifesten Universum sind viele Wesen durch »Nabelschnüre« miteinander verbunden, so dass sie eine Lebenssynthese, eine kosmische Melodie bilden. Der Einklang, die Wahrheit und die Liebe erzeugen die Glückseligkeit des Lebens und die Schönheit der Einheit.

55. Wisse, dass du gemäß deiner Schwingungsfrequenz erkannt wirst; also gemäß der Tonhöhe und Tonbreite des Lichtfeuers, der Reinheit des Tons und der Klarheit der Klangfarbe.

56. Es gibt einen Klang, der absorbiert und mitreißt, der die leuchtenden Saiten des Herzens oder Intellekts berauscht und zu Gipfeln der alles durchdringenden Feuerharmonie erhebt.

Der »Feuerweg« fügt in die Sphäre des Schönen ein, so dass man sich als leuchtende Schönheit wiederfinden kann. Es gibt schöne Seelen, die – wie die Morgenröte – in der Lage sind, für den erhabenen Zauber dieser Wahrheit zu erwachen.

57. Lass die Rose deines Herzens erblühen: Ihre feurigen Blütenblätter werden dir die Schönheit der Begegnung geben. Die ausstrahlende Liebe ist eine glückliche Begegnung mit dem, was der analytische und trennende Verstand als Gegensatz bezeichnet.

»Schwarz« und »Weiß« verbinden sich in dieser vereinigenden Begegnung, die Wahrheit, Harmonie und Liebe ist. Für den, der diese Schönheit und Wirklichkeit erfährt, ist jede Dichotomie aufgelöst und das Leben enthüllt sich so, wie es ist, und nicht so, wie wir es gerne hätten.

58. Wende, was hässlich anzusehen ist, dem Schönen zu. Entfessle in ruhiger Meditation Flammen der Liebe, denn die ausstrahlende Liebe ist Harmonie der Dinge und der Ereignisse, die weinende Augen besänftigt, welche versteinert sind durch trübende Arhythmie.

Aber verlange du, der du versuchst, die Harfe zu stimmen, nicht, dass andere sich auf dich einstimmen. Die Seelen müssen in Freiheit gelassen werden, so zu schwingen, wie sie wollen, denn jede Musik passt sich dem Ausdruck des jeweiligen Bewusstseins an.

Wenn du die *Kunst* verstanden hast, brauchst du nichts anderes zu tun, als deine wunderbare Melodie erklingen zu lassen, denn sie wird auch das kollektive Unterbewusstsein formen und Balsam für gebrochene Herzen sein.

Liebe die *Stille*, welche »Quanten« von auflösendem Feuer ausstrahlt, und sinke sanft und in Freiheit in den Äther-Alkoven, in dem sich träumende und zwieträchtige Wesen gegenseitig erdrücken.

59. Achte auf:

a) die Bewusstseinssaite des empirischen Wesens

b) das »innere Ohr« des noetischen Wesens

c) das Resonanzwerkzeug auf der Ausdrucksebene.

Bring die Bewusstseinssaite des gegenwärtigen Zustands zum Schweigen, denn sie hat die Gewohnheit, individuelle und missklingende Töne zu spielen. Ihre Musik ist kein Einklang, weil sie durch Schwingungen genötigt wird, die beleidigen. Das empirische oder individuelle Wesen drückt sich durch solche Ego-Schwingungen aus, die nicht mit dem Prinzip übereinstimmen.

Die »inkarnierte« schwingende Saite ist äußerst wichtig: Sie muss rektifiziert, moduliert und auf die Archetypen des Seins abgestimmt werden. Sie ist nur ein Oberton oder ein klanglicher Widerschein des noetischen Wesens, sie glaubt jedoch, die Totalität, Einheit und Grundnote zu sein.

Wenn du für das noetische Wesen empfänglich bist, kannst du mit dem mentalen Werkzeug eurhythmische Musik spielen. Wenn du dich aber davon entfernst, drückst du misstönende, diaphonische, konfliktgeladene Musik aus.

Hier eine visuelle Darstellung:

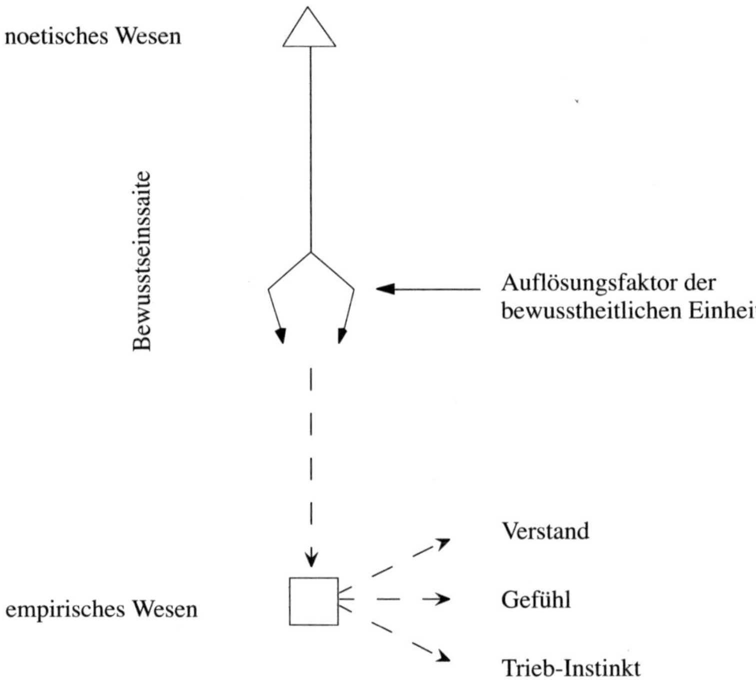

60. Mit welchem Mittel kannst du die tonalen Archetypen des Seins wahrnehmen? – Mit dem »inneren Ohr«. Daher musst du dein inneres Gehör entwickeln, denn vielleicht ruht es in potenziellem Zustand. Es hat die Fähigkeit, empfänglich zu sein und die Eigenschaften der Harmonie zu »schätzen«. Diese Art von »Ohr« gehört einer Ordnung an, die jenseits des sinnlich Wahrnehmbaren ist, die sich aber auch durch eine sichtbare Form ausdrücken kann. Wenn es entwickelt ist, stellt es den Modulator der Rhythmen dar. Diese unmittelbare Empfänglichkeit für die Beurteilung des Einklangs – die dem noetischen Wesen und nicht dem rationalen oder empirischen Wesen wesensgleich ist – verleiht die Macht, das kosmische Klangprisma wahrzunehmen, welches das Ganze darstellt.

Wenn du am Klang einer Symphonie oder Musikkomposition teilnehmen möchtest, muss du eine Art von »musikalischem Gehör« besitzen, das nicht nur die einzelnen Klang- und Orchesterelemente (wie Klanghöhe, Intensität, und Klangfarbe usw.), sondern auch die *Harmonie* wahrnehmen und beurteilen kann, welche die Einheit von Klang und Oberton sowie das Resultat aus Akkord und Kadenzen darstellt.

Wenn dir diese innere Fähigkeit fehlt, kannst du nicht dem Weg des Einklangs und der Harmonie folgen, denn sie ist eine unabdingbare Voraussetzung. Du kannst kein Musiker werden, wenn dir die musikalische Empfänglichkeit fehlt. Ebenso kannst du kein Philosoph sein, wenn du nicht für die Welt der Ideen »empfänglich« bist. Im Osten spricht man von *rasa*, was soviel wie »Geschmack« bedeutet, das heißt Empfangsbereitschaft, etwas zu schätzen und zu beurteilen.

61. Das mentale Werkzeug ist die »Tastatur«, mit der du deine Musik spielen und deine Harmonie und Schönheit entwickeln kannst. Es muss beherrscht und geschult werden. Die

Harfe muss gestimmt sein und der Musiker muss das Harfe-Spiel beherrschen.

Unser mentales Werkzeug ist eine verstimmte Harfe, auf der wir daher nur chaotische, schräge und frustrierende Töne hervorbringen. Dein physischer Körper sollte lediglich einen Resonanzkörper bilden, um die Klangfarbe deiner Modulation zu übertragen.

Wenn es dir gelingt,

- eine Bewusstseinssaite, die geschmeidig ist und auf den großen Einklang antwortet,
- ein »inneres Gehör«, das für die universale Harmonie empfänglich ist,
- ein mentales Werkzeug, das neugeschult und bereit ist, die Klänge zu gestalten,
- einen leistungsfähigen Resonanzkörper, der für spezielle Klangfarben geeignet ist,

zu besitzen, wirst du sicher in die Sphärenmusik, in die Lieblichkeit der Harmonie und der Liebe, in das Gesetz des Einklangs und in die Wahrnehmung der Schönheit eingeweiht werden. Denke daran: Wahre Kunst ist der essenzielle Ausdruck göttlicher Schönheit.

62. Ein Ereignis ist eine Form, und eine Form ist die Wirkung mentaler Schwingungen. Der Verstand ist Substanz, die schwingt. Denke daran: Die schwingenden Kräfte erzeugen einen *Niederschlag*. Sie werden durch die tiefe Aufmerksamkeit des *Auges* aktiviert, welches das Bild fixiert. Der mikrokosmische Musiker kann Formen und Ereignisse herrlicher Schönheit oder asymmetrischer Hässlichkeit auf seiner Tastatur er-

klingen lassen. Die Menschen erzeugen leider hässliche Ereignisse, weil sie nicht gelernt haben, die Tastatur des Verstandes zu gebrauchen. Das Wesen, das die *Kunst* kennt, erzeugt maßvolle, proportionierte Töne und Symphonien, die mitreißen und Erfüllung geben.

63. Dein Verstand modelliert die Töne und daher den Einklang.

Die Musik des Lebens schenkt sich dem, der die Kunst zu lieben weiß. Dein Verstand schwingt Schönheit oder Hässlichkeit; er kann tiefere oder höhere Oktaven erklingen lassen.

Natürlich musst du zunächst dein mentales Werkzeug schulen und es dann erklingen lassen, damit der Raum in entsprechender Weise antwortet. Währenddessen benötigst du große Stille, tiefe Aufmerksamkeit und innere Sammlung. Sollte das unbewegte *Zentrum* und der Kanalisator der mentalen Energie schwächer werden, könnte dich diese Energie beherrschen und überwältigen.

Wisse, die äußere Welt ist die Welt der Wirkungen und die innere Welt ist jene der Ursachen, während die Sphäre des Selbst die Welt des Seins ist, welche Ursache und Wirkung *erscheinen* lässt.

Die äußere Welt ist nur ein Widerschein jener inneren. Das, was darüber hinaus *erscheint*, ist nichts anderes als dein reales Innenleben. Alle Lebensumstände und Erfahrungen sind die Wirkung deiner gewohnheitsmäßigen und vorherrschenden mentalen Schwingung. Jede mentale Schwingung erzeugt zwei Wirkungen: die eine ist ausstrahlend (Qualität oder Eigenschaft), die andere ist formal (Zahl). Die Qualität äußert sich in diesem Fall durch einen Ausdruckskörper oder eine Form. Die Farbe des Körpers (Form) ist durch die Schwingungsnatur festgelegt, während jene der Schwingung durch die Qualität bestimmt ist. Der mentale Lichtklang folgt dem Gesetz der Sympathie, der Syntonie und der Übereinstimmung. Erkenne, dass die Gesetze des Denkens die Gesetze der *Schöpfung* und des aktiven und objektiven Niederschlags sind. Wenn du deine mentale Harfe modulieren kannst, wirst du Universen herrlicher Schönheit erschaffen können.

64. Ein materieller Klang muss, ebenso wie ein mentaler Klang, deine innere Harmonie *anrufen*. Die profane oder sinnliche Harmonie ist ein Mittel, Emotionen und Triebe zu befriedigen.

Die heilige Harmonie befriedigt nicht das Emotionale – auch wenn dies geschehen mag – sondern *erhöht* deine verkörperte schwingende Saite, so dass sie sich auf die Note des Seins und die universalen Hypertöne einstimmen kann.

Zwei Individualitäten, die sich begegnen, erhöhen ihre triebbestimmten, emotionalen und leidenschaftlichen Töne. Zwei Seelen, die sich begegnen, erhöhen den Einklang mit dem Leben, sie repräsentieren zwei klingende Instrumente im großen Schöpfungsorchester und verschönern, was sie berühren.

Gehe also vom individuellen Einklang zur universalen Harmonie über und erhebe dich dort zur Identität mit dem Grundton des großen Musikers. Solange du diesen tonalen *Aufstieg* nicht verwirklichst, wirst du musikalisch stets ein Anfänger bleiben.

65. Die Musik, von der ich spreche, wird nicht von sinnlichen Individualitäten, sondern von Göttern erzeugt. Jedenfalls übt die menschliche Musik, die von *oben* kommt, einen starken Anreiz in dir aus, die Harmonie der Sphären anzurufen. Genau das ist ihre Aufgabe – sie sollte es zumindestens sein.

Wenn ein Musikstück dich nicht erhebt und verwandelt, ist es keine Musik, die dem Einklang entspricht. Lass sie los, sie ist nichts für dich. In der Welt der Menschen gibt es verschiedenerlei Arten von Musik.

66. Ein Akkord aus zwei oder drei Noten, der aus verschiedenen Tonwerten zusammengesetzt ist, bildet eine *Ganzheit*, die vollkommen neu ist. Dies kann geschehen, weil jeder einzelne Tonwert seine präzise Schwingung besitzt, die nicht nur dem Wert, sondern auch der Zahl nach wesensgleich ist. So stellen die verschiedenen Wesen, die auf den Rhythmus der universalen Archetypen des Klangs gestimmt sind, eine völlig neue *Ganzheit* dar, die die Harmonie verkörpert.

67. Die Manifestation ist ein Gebilde aus Schwingungen verschiedener Frequenzen. Die wechselseitige Beziehung dieser Frequenzen legt ein Ereignis fest, das alles Geschaffene umfasst.

Der Klang erzeugt die Form. Mit den *Schwingungen* kannst du, indem du Moleküle und strukturierte Formen erzeugst, die atomare Substanz »modellieren«. Mittels eines Gebildes von Schwingungen nimmt eine Flüssigkeit eine bestimmte Gestalt an.

Eine Welt entsteht – wie ein formales menschliches Wesen – durch den Anreiz eines Klangs oder Worts.

68. Wenn eine Saite in der Mitte gehalten wird, geschieht zweierlei:

a) ihre Schwingungsfrequenz verdoppelt sich,

b) der Ton erhöht sich um eine Oktave.

Das noetische Wesen befindet sich auf der Mitte einer Bewusstseinssaite, deren Kopf das Sein auf seiner Ebene und deren Basis das individuelle empirische Wesen darstellt.

Wenn es dir gelingt, dich auf der Mitte der Saite zu polarisieren, öffnet sich dein inneres Ohr, weil die Bewusstseinssaite durch eine entsprechende Kraft oder Schwingungsfrequenz erhöht wird.

Dazu ein Schaubild:

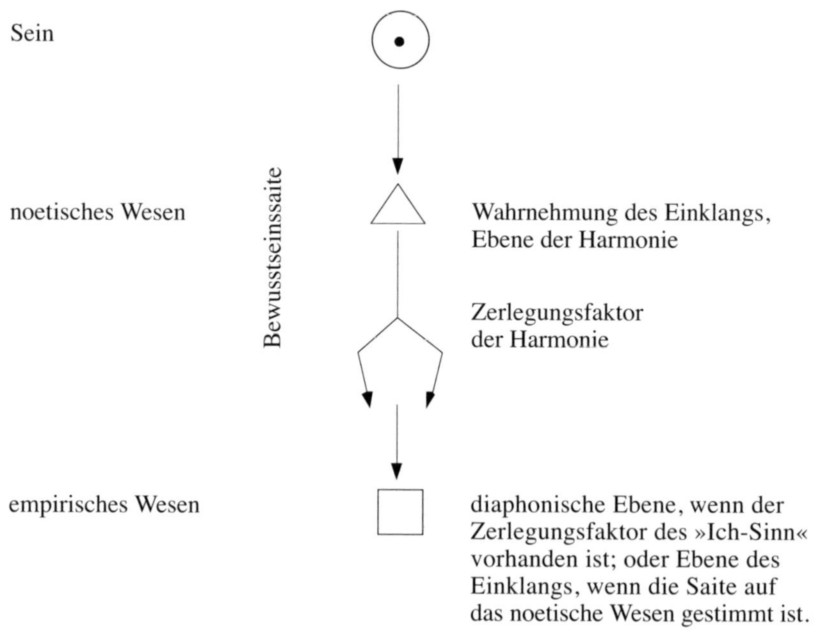

69. Verkürzt sich die Saitenlänge, erhöht sich die Schwingungsfrequenz. Wenn du dich als Bewusstseinssaite betrachtest, die – vom empirischen Wesen ausgehend – nur bis zum noetischen Wesen reicht, wirst du, wenn du die Saite in der Mitte anschlägst, eine Kraftsteigerung von Emotion und Verstand erreichen. Wenn du aber das Segment des individualisierten Bewusstseins transzendiert hast und dich auf der Mitte der Saite polarisierst (das heißt im noetischen Wesen), wirst du die Identität mit dem Urklang erreichen.

70. Das, was das empirische Wesen arhythmisch macht, ist der »Ich-Sinn«, der ein Prisma darstellt, das den universalen Klang, den Einklang oder die symphonische Einheit zerlegt, dadurch eine isolierte, schwache und entgegengesetzte Schwingung bewirkt und somit einen Klang erzeugt, der Einsamkeit und Konflikt hervorruft.

Ein Oberton ist nur ein Element des Grundtons. Wenn er sich jedoch für den Grundton hält, fällt er in Unwissenheit und Täuschung.

71. Du bist ein »Oberton« (Eigenschaft-Zahl) in der großen universalen Tonalität des Seins. Begreife die tonalen Gesetze, die harmonischen Beziehungen; entdecke den beherrschenden Ton. Sieh zu, dass du deinen Platz als Musiker findest, und lass dich von der Harmonie durchfluten.

72. Wenn du eine materielle Stütze brauchst, nimm ein Musikinstrument, spiele es mit dem *Herzen* und stimme deinen Verstand auf jenen Klang ein, bis du selbst zu Klang geworden bist. Dann spiele die höhere übersinnliche Oktave und lass die Stütze los.

Die Harmonie kann die »Zerstörung der Ich-Ebene« so weit voranbringen, bis du dich als »Sphärenmusik« wiederfindest.

Oh, welch erhabene Sanftheit!

73. Wenn du das Glück hast, dich mit einem *gestimmten* »älteren Bruder« in Einklang zu bringen, sei ihm nahe und »höre«, nachdem du deinen unruhigen Geist zur Ruhe gebracht hast, auf seinen Rhythmus und seine Harmonie. Aber auch hier ist es notwendig, die Kunst zu erlernen und empfänglich für die Musikalität der eurhythmischen Seele zu sein.

74. Es ist eine Sache des »inneren Ohrs«, das Denken anzuhalten und das harmonische Schwingen einfach auf induktivem Wege in der psychischen Stille zu spüren. Wenn deine Psyche still ist, wenn dein Bewusstsein ohne jegliche Überlagerung ist und *bereit*, stellt sich das Wunder der Induktion ein.

75. Wenn die Schönheit des Einklangs, die du empfängst, dich als Ganzes verzaubert, bleibe weiterhin regungslos, denn selbst eine kleine vorüberziehende Vorstellung könnte dich wieder aus der Verzauberung reißen.

76. Gib mir deine Augen und ich werde das Firmament um zwei Sterne bereichern, die dem verwirrten Schiffbrüchigen leuchten können.

Schenke mir deine Lebenssaite und ich werde Töne der Verklärung spielen.

77. Das Bewusstsein bestimmt den Lebensraum. Das Unendliche des Raums oder Äthers entspricht dem Unendlichen des Bewusstseins. In dem Moment, in dem man das Unendli-

che des Bewusstseins entdeckt, tritt man in Kontakt zur Unendlichkeit des Raums.

78. Um eine Klangwelle hören zu können, musst du deine unruhige mentale Substanz zur Ruhe bringen, denn ansonsten hörst du nichts, und dein inneres Ohr kann von keinerlei Harmonie erfüllt werden.

Leider gibt es Menschen, welche die Musik nur mit dem physischen Sinnesorgan hören, während ihr Verstand und ihr Bewusstsein woanders sind.

Wie kannst du dich mit dem unendlichen Raum in Einklang bringen, wenn du stets damit beschäftigt bist, Unvollkommenheiten und störende Töne zu ersinnen?

79. Die verkörperte schwingende Saite musst du stumm und still werden lassen. Und obwohl dies schwierig erscheinen mag, musst du dahin gelangen, wenn du ein neues »Lebensmodell« und einen neuen Ereignistanz erklingen lassen willst.

Anderseits hast du keine andere Wahl: Entweder du lebst in unharmonischem Konflikt oder du modulierst dein Instrument auf den Zauber des Schönen und die Lieblichkeit des Einklangs.

Die Harmonie schenkt sich dem, der seine kostbare Bewusstseinsharfe auf schöne Weise zu stimmen weiß.

80. Stelle dir wenig vor und spiele häufig auf deiner Harfe; das bedeutet, *sei* Harmonie, anstatt sie dir nur vorzustellen. Zwischen Vorstellung und *Sein* besteht eine Kluft: Es ist der Unterschied zwischen dem musikalischen Anfänger und dem Meister der Musik.

81. Ich kann warten, denn die ausstrahlende Liebe und der ausstrahlende Einklang kennen keine Zeit. Die Macht der Harmonie erklingt ewig auf der Ebene der Widerstandslosigkeit und bietet sich den Wanderern an, die ihre Ohren und Herzen öffnen.

82. Bist du vielleicht ein Liebender, der auf der Suche nach seinem *unsterblichen* Geliebten ist? Möchtest du ganz eins sein mit dem Geliebten des Herzens, der die Zeit nicht kennt und vor den Nebeln des Raums flieht? Ich gebe dir die Abfolgen eines Werks, das dich zu den Gipfeln der Liebe und des Schönen-an-sich erhebt.

83. Zuallererst musst du das Bild deines Geliebten (*Iṣṭa-devatā, Netjer*, Meister, *Avatāra* usw.) im Zentrum deines Herzens *visualisieren*; du musst es unter dem formalen Aspekt visualisieren, also mit einem außergewöhnlich majestätischen Körper, Archetyp des Schönen, der *Sympathie* ausstrahlt. Du musst dich natürlich in tiefem Einklang befinden. Dieses Vorstellungskonstrukt muss bis ins kleinste Detail gepflegt werden, bis es zu einem pulsierenden Wesen voll Leben und herrlicher Schönheit wird. Dein Arbeiten muss ruhig und beharrlich sein; du musst ein sanftes, einhüllendes und eindringendes Feuer verwenden. Du darfst keine Eile haben, aber gleichzeitig freudige Entschlossenheit besitzen, damit dein Verstand nicht von diesem Vorstellungskonstrukt abgelenkt wird.

Fünfundvierzig Minuten am Tag mögen genügen. Später kannst du es auf eine Stunde verlängern und, wenn möglich, auch auf zwei Stunden, aber mit Pausen dazwischen.

Während des Tages darfst du deine mentalen Energien nicht in Vorstellungen oder unnützen Worten zerstreuen. Es wird eine gewisse innere Sammlung von dir verlangt, um dein Feuer zu bündeln und zu beherrschen. Wisse auch, dass du dir von Beginn deiner Askese an *nicht mehr selbst gehörst*. Du bist dabei, dich *bewusst* hinzugeben und in den Geliebten zu verwandeln. Dein bewusster Wille muss langsam bis zu dem Punkt zurückgehen, an dem du ausrufen wirst: »Nicht mein, sondern dein Wille geschehe!« Es ist wichtig, alles auf bewusste Weise zu tun. Nicht ein *Objekt*, sondern ein aktives und bewusstes *Subjekt* gibt sich hin.

Diese schöpferische Meditation muss solange andauern, bis sich das Bild auf spontane und natürliche Weise als einfaches Objekt der *Kontemplation* zeigt. Wenn du den schöpferischen Akt beendet hast, um dich ganz einfach zu versenken, kannst du zu einem anderen schöpferischen Akt übergehen. Dabei musst du *göttliche Eigenschaften* projizieren und sie in die Vorstellung einbauen. Die Eigenschaften können intelligible Erkenntnis, Schönheit, Liebe, spiritueller Wille usw. sein. Wichtig ist, intelligible, universale und überindividuelle Eigenschaften in die Vorstellung zu übertragen. Das ist aufgrund vieler Faktoren von *größter* Wichtigkeit.

Auch diese schöpferische Meditation muss solange andauern, bis du die verkörperte Eigenschaft ohne jegliche Anstrengung *schauen* kannst. An diesem Punkt hast du ein Wesen geschaffen, das Leben ist und Eigenschaften ausdrückt. Deine *Saite* muss Gewissheit erklingen lassen, sie muss absolute Herrschaft über dich und totale Abwesenheit von Angst besitzen. Derart kannst du den Geliebten betrachten, der vor dir steht, voller Glanz, wie eine Sonne am Mittag. Du musst dich in einen Zustand der *Empfangsbereitschaft* versetzen und gleichzeitig auf die *Reaktion* deiner Psyche und deines Bewusstseins achten; das bedeutet, dass du dein »inneres Ohr» öffnen musst.

Wenn du beginnst, eine bestimmte Reaktion auf den «qualitativen Einfluss» des Geliebten zu bemerken (das heißt, dass du den Ton deines Geliebten offenbarst, der nun seinerseits von sich aus eine äußerst *aktive* Stellung bezieht, um deinen Ton in seinen umzuwandeln), kannst du zu einer vierten Stufe übergehen, indem du die Abstände zur Vorstellung verkürzt, bis du mit ihr verschmilzt.

In diesem Stadium kannst du die rein formale Stütze fallen lassen und – jetzt ganz eins mit dem Geliebten – die nackte Eigenschaft betrachten, dich ihr gleichmachen und sie ausdrücken. Das beinhaltet, dich auf die reine Schwingungsebene der *Identität* mit dem Geliebten zu bringen. Die Dualität Liebender-Geliebter verschwindet und eine Einheit der Farbe und Schwingung von unbeschreiblicher Kraft und Schönheit bleibt jenseits des Formaspektes bestehen.

Du bist er und er ist du.

Und sollte dein Geliebter zufällig einen Körper bekleiden, werden es nicht eure Körper sein, die sich anziehen, sondern die Eigenschaften, oder besser die Identität aus Schwingung und Farbe, die »gewählte Affinität«, die Identität des »Strahls«, die Einheit und Identität des Lebens, die Identität des Schönen und des Glanzes des Schönen.

84. Gewiss, du musst erkennen, dass ein Körper (Form) nur ein »Medium«, ein Mittel, ein einfaches Werkzeug darstellt, durch das sich göttliche Eigenschaften enthüllen, die in ihrer intelligiblen Reinheit ausgedrückt oder aber durch eine nicht-gereinigte Individualität degradiert und reduziert werden können. Jeder Körper (Volumen) ist Quantität, träge Zusammensetzung, die keine ihr innewohnende Wirklichkeit besitzt. Aus metaphysischer Sicht ist er eine Täuschung, Schein, Nicht-

sein. Seine Aufgabe besteht nur darin, Eigenschaften zu übermitteln, die ewige Wirklichkeit sind, weil sie der Welt des Seins angehören.

Die Seele ist schön, weil ihre Schönheit lebendig, pulsierend, dynamisch, ausdrucksvoll, anregend und erhebend ist. Die Schönheit des Körpers ist statisch und leblos; für sich allein ist sie ausdruckslos. In der Tat besteht die Tugend des Künstlers darin, seinen Schöpfungen *Leben* und Ausdruck zu verleihen oder, anders gesagt, sie zu *beseelen*. Den Menschen, zum Beispiel, darf man nicht ausschließlich als Körper definieren; er ist mehr: Wille, Intelligenz, Liebe, Kreativität, Güte usw.

Wenn nun eine Vereinigung mit deinem Geliebten stattfinden soll, kann sie sich nur im Bereich der Eigenschaften-Realitäten konkretisieren und nicht im Bereich von Schein und Quantität. Der Geliebte ist in erster Linie und vor allem Schönheit, Liebe, Glückseligkeit, Wärme; er ist der Archetyp selbst des Schönen. Dies ist dein *Geliebter*; und wenn ich dich zu Beginn angewiesen habe, eine Form oder einen Körper für ihn zu erzeugen, dann deshalb, weil ich dich, vielleicht zu Unrecht, für unfähig hielt, auf direktem Weg mit der Essenz deines Geliebten zu verschmelzen.

Aber um mit dem, was schön ist, verschmelzen zu können, musst du selbst notwendigerweise schön werden.

Die Identität mit dem Geliebten kann in dem Moment erfolgen, in dem deine schwingende Saite *seinen* Ton erklingen lässt. Dann erzeugt der Einklang Verschmelzung, Synthese, und das Schöne erstrahlt in der *Einheit*, welche unermessliche Vollkommenheit und Verzückung ist.

Man kann sagen, dass die Liebe – in ihrer tiefsten Bedeutung – Einheit ist. Eine Liebe, die nicht zur Einheit führt, ist keine Liebe, sondern individualisiertes sinnliches Begehren, das nur Dualität mit sich bringt. In der Tat ist dir oft gesagt worden, das Begehren nicht mit der alles durchdringenden Liebe zu verwechseln, ebenso wie die einfache Gelehrsamkeit phänomenaler Fakten nicht mit der noetischen Erkenntnis verwechselt werden darf. Letztere muss zur Identität mit dem Objekt der Erkenntnis führen, so wie die Liebe zur vollkommenen Einheit mit dem Geliebten führen muss.

Auch die Energie oder Kraft der materiellen und körperlichen Sexualität ist nichts anderes als das Symbol eines Strebens nach *Einheit*, aber es ist nur ein Symbol, denn die wahre Einheit kann nie auf der Ebene der simplen Erscheinung oder des Körpers erreicht werden, sondern nur durch *qualitative Affinität*. Das, was dich mit dem Geliebten vereinigen kann, ist nicht ein vergänglicher, relativer, trüber und ausdrucksloser Körper (Volumen), sondern die Enthüllung des Schönen, der Klang der Liebe, die Harmonie der Glückseligkeit, der Zauber der Verzückung. Einen Körper (Volumen) musst du erzeugen (weil er kommt und geht), aber die Eigenschaften, wie das Schöne zum Beispiel, brauchst du nicht zu erzeugen. Weil sie existieren und stets existiert haben, brauchst du sie nur zu enthüllen. Und du, der du Liebhaber des Schönen und der Liebe bist, kannst nicht anders, als in dem, was schön ist, und in dem, was der wahre Ausdruck der Liebe ist, zu verschmelzen und dich aufzulösen. Ich bestehe jedoch darauf zu wiederholen, dass Ursache und Wirkung nicht miteinander verwechselt werden dürfen. Liebe die Musik, verschmelze mit der Musik, werde Musik. Mache aber kein Durcheinander und identifiziere dich nicht mit dem Instrument – sei es ein Flügel, eine Harfe, eine Trompete oder anderes; du würdest damit etwas Unmögliches, Nichtverwirklichbares anstreben.

Denke daran, dass die Eigenschaft im Reinzustand auch ohne einen als Vermittler dienenden, materiellen Körper existieren kann, so wie die Seele ohne grobstofflichen Körper existieren kann. Ein Körper (Form) aber kann nicht ohne Eigenschaft und Leben existieren.

Die Mehrheit der Menschen, die das Schöne nicht liebt und die wahre Liebe nicht sucht, ist nur auf der Ebene der Körpererscheinungen miteinander verbunden. Ihre Vereinigung resultiert daher als Täuschung, die Gegensatz, Stumpfheit und Konflikt sowie formale, triebbestimmte Nöte offenbart.

Aber du, *Liebhaber* des Schönen, der Liebe und der musikalischen Lieblichkeit des Einklangs, weißt dich, nachdem du die schwingende Saite mit transzendentaler Ästhetik neu gestimmt hast, über die vergängliche Zusammensetzung zu erheben und die über Zeit und Raum triumphierende Liebe und das Schöne zu umarmen.[1]

Ich erinnere dich an die Phasen des Werks:

1. Erzeugung-Visualisierung der Form des Geliebten
2. Projektion-Visualisierung der vitalen Eigenschaft
3. ruhige und kontinuierliche Kontemplation des Geliebten, so dass eine Reaktion in dir hervorgerufen wird; derart machst du dich auf der einen Seite *empfangsbereit* und andererseits auf intensive Weise *aktiv*, damit du auf die Schwingung des Geliebten entsprechend reagieren kannst. (Du wirst einsehen, dass man nicht mit Worten lieben kann, sondern indem man sich hingibt,

---

[1] Zur Vertiefung der überlieferten »Lehre des Schönen und der Liebe« siehe Raphael, *La Scienza dell'Amore, a.a.O.*

mit der *Ganzheit* seiner selbst, umgewandelt in reine Schönheit.)

4. Annäherung an den Geliebten, bis die Dualität verschwunden ist
5. Identität in Schwingung-Farbe mit dem Geliebten
6. Enthüllung des sublimen »Tanzes« des Schönen.

Farbloses Feuer

Die Verwirklichung gemäß der überlieferten Metaphysik

1. Die beiden zuvor dargelegten Wege sind wie Fenster, die sich zum Unendlichen öffnen. Du kannst sie aufstoßen und in den grenzenlosen Himmel hinaustreten.

Der erste Weg basiert auf Entschlossenheit, Willen sowie sonnengleicher Würde; der zweite auf einer Empfänglichkeit für Ästhetik, Liebe des Schönen und das innere Ohr als Weg der Askese. Natürlich gibt es weitere Wege, andere Fenster, die sich zur Glückseligkeit des Unendlichen öffnen. Welchen der vielen Wege man einschlägt, hängt von den individuellen Voraussetzungen ab.

Darüber hinaus gibt es einen besonderen, ganz speziellen Weg. Er befindet sich nicht auf der Ebene der Abstände und hat auch keine Rahmen. Bei ihm musst du dich blitzartig aus dem Fenster stürzen und im Unwägbaren verharren können. So wirst du mit einem Schlag all deiner Stützen, Körperträger und auch der Eigenschaften entledigt. Das ist ein Weg, der auf keinerlei Bekanntem stützt. Mit einem Schlag führt er dich jenseits von Quantität und Eigenschaft-Qualität, Ursache und Wirkung; daher auch jenseits von Zeit und Raum.

Es ist der Weg des »Pfeils«, der metaphysische Weg, der Weg des farblosen Feuers. Im *Vedānta* spricht man von *asparśa*, was soviel wie beziehungslos, kontaktlos, ohne Träger, ohne Stützen bedeutet. Er ist nicht für Alle geeignet, im Gegenteil, nur für sehr Wenige, und diese Wenigen müssen darauf achten, dass sie jene Dinge, die weder auf Begriffen, Gefühlen oder auf dem Willen basieren, nicht missverstehen.

Für den metaphysischen Weg – der im Grunde gar kein Weg im eigentlichen Sinn ist – braucht man intelligente Kühnheit, Bereitschaft und spezielle Voraussetzungen, um das Risiko zu vermeiden, sich im »Nichts« zu verlieren, nachdem man aus dem Fenster »gesprungen« ist und sich dann weder innerhalb noch außerhalb des Hauses wiederfindet.

Wenn ich zum Beispiel sage: »Es existiert weder Morgen- noch Abenddämmerung, weder hell noch dunkel«, könnte dir das den Boden unter den Füßen wegziehen, weil für dich diese *Phänomene* so real wie deine körperliche Beschaffenheit sind. Ich spreche aber aus der Perspektive der Erde, die dein Fenster darstellt, sondern aus der Perspektive der Sonne zu dir. Hierin liegt der entscheidende Punkt dieses weglosen Weges: Schlagartig spreche ich in einer Sprache mit dir, die nicht die deine ist und die du nicht kennst. Gelingt es dir, dich aus deinem irdischen Fenster zu lehnen und stützenlos und unmittelbar in die Sonne zu katapultieren?

Und wenn ich ferner sage, »es gibt weder Entstehung noch Auflösung, weder Anwärter auf die Befreiung noch Befreite oder irgendjemanden, der in Knechtschaft ist«[1], so glaube ich, würde dich das verwirren, wenn dir nicht gelingt, die richtige Bewusstseinshaltung zu finden und den empirischen Verstand zum Schweigen zu bringen.

Wenn du dich bereit fühlst und den Mut besitzt, den Abgrund zu überschreiten, kannst du mit dem Schwamm der »voll-

---

[1] Gauḍapāda, *Māṇḍūkyakārikā II, 32* mit einem Kommentar von Raphael, Freiburg i. Br. 2001

kommenen Erkenntnis« Tausende von Gestern, die dich gefangengenommen und ins konfliktgeladene Werden eingeschlossen haben, auf einmal auswischen. Der Drache wird nicht besiegt, sondern schlagartig transzendierst, indem du ihn *integrierst*. Durch *Verständnis* wird das »Ungeheuer« *aufgelöst*. So entlarvt man es als eine Erscheinung, vor der nur die Kenntnislosen zurückschrecken.

2. Wisse, die Metaphysik geht über das Physische, das Psychische und sogar über das Spirituelle hinaus. Einige hingegen bezeichnen als metaphysisch, was lediglich psychologisch ist oder der Ebene des Feinstofflichen, »Astralen«, Metapsychischen angehört. Von Anfang an muss klargestellt sein, dass sich die Metaphysik mit der letzten Wirklichkeit der Dinge, mit der universalen Konstante, mit dem Absoluten oder Unendlichen beschäftigt, mit dem also, was *jenseits von Zeit-Raum-Ursache* ist.

Alles, was in Zusammenhang mit dem Individuellen, und daher mit dem Allgemeinen steht, bezieht sich auf die Wissenschaft im modernen Sinn des Wortes. Alles, was in Zusammenhang mit dem Universalen, mit der transzendentalen Einheit und der Ganzheit als Ursache der Ursache von Allem steht, betrifft die Metaphysik.

3. Das Studium der Phänomene, der Bewegung, des Relativen, der Welt der Namen und der Formen jeglicher Ordnung und jeglichen Grades repräsentiert die akademische Wissenschaft, die magische Kunst und die Theurgie. Das Studium des Noumenons, des Unbewegten, des Unveränderlichen, der großen Stille ist Sache der Metaphysik.

4. Alles, was sich auf das Manifeste, Physisch-Grobstoffliche, Feinstoffliche oder Überphysische bezieht, ist stets allgemeiner und formaler Ordnung. Die Metaphysik geht über die profanen und auch über die heiligen Wissenschaften hinaus. Sie ist daher keine Kosmologie und auch keine Ontologie, denn die bezieht sich auf das ursprüngliche Eine. Der metaphysische Weg in der *Qabbālāh* ist der Weg des *Ain soph*, in der Alchemie ist es der Weg, welcher den *Schwefel* auflöst, im *Vedānta* ist es der Weg des *Nirguṇa* oder *Turīya*. Für Platon und Plotin bedeutet der metaphysische Weg die Verwirklichung des Einen-Guten, welches das Sein oder Eine-Viele transzendiert.

5. Wenn die Metaphysik die Erforschung des Absoluten und der Wirklichkeit-ohne-einer-zweiten ist, kann sie nicht schematisiert, begrifflich gemacht oder in bestimmte individuelle mentale Schubladen eingeordnet werden. Das Absolute oder die letzte Wirklichkeit kann nicht umschrieben, dargestellt oder auf die Ebene eines empirischen Relativismus gestellt werden. Sie kann auch nicht der ausschließliche Besitz eines Individuums oder Volkes sein. Wenn ich insbesondere von *Advaita Vedānta* spreche, dann nicht, weil er ein östlicher Weg ist, sondern weil er auf einzigartige Weise metaphysisch ist. Der *Advaita Vedānta* ist *überlieferte Metaphysik*.[1]

---

[1] Über die metaphysische Askese siehe auch: Raphael, *Tat Tvam Asi – Das bist Du*, Bielefeld 2000; Raphael, *Initiation in die Philosophie Platons*, Freiburg i. Br. 2002; Raphael, *Orfismo e Tradizione iniziatica, a.a.O.* und die englischsprachige Ausgabe *Orphism and the Initiatory Tradition, a.a.O.*; Śaṅkara, *Vivekacūḍāmaṇi*, Bielefeld 2004; Śaṅkara, *Aparokṣānubhūti*, Rom 2. Aufl. 1995; Gauḍapāda, *Māṇḍūkyakārikā, ebd.*

6. Die verschiedenen Wissenschaften verwenden als Erkenntniswerkzeug den Verstand und die Intuition sinnlicher Ordnung; sie gebrauchen also ein Mittel indirekter Erkenntnis. Die Metaphysik verwendet als Erkenntniswerkzeug die überbewusste, übersinnliche Intuition oder reine Vernunft, die frei von sentimentalen und individual-mentalen Prägungen ist; sie arbeitet also mit einem direkten, unmittelbaren Wahrnehmungswerkzeug. Das Betreiben von Metaphysik erfordert eine *mens informalis*.

7. Die verschiedenen Wissenschaften verwenden *Untersuchungsmethoden*, um die Gesetze zu entdecken, die die Natur regieren. Ihre Handlungssphäre ist innerhalb der Natur. Der Gott der Wissenschaft kann sich sehr wohl »Natur« nennen.

Die Ontologie versucht, die *causa prima* oder den »unbewegten Beweger« zu entdecken, der die Natur oder die Bewegung verursacht. Daher interessiert sie sich für das ursprüngliche Sein bzw. die mathematische Eins (als Beginn der Reihe).

Die Metaphysik geht über das *Natürliche* und auch über die *causa prima* hinaus und begibt sich in den eigenschaftslosen Zustand des Nicht-Seins im Sinne des reinen und absoluten Seins-ohne-einem-zweitem (Nicht-Dualität).

8. Es gibt zwei Klassen von Monisten: die Materialisten oder Aktualisten und die Spiritualisten oder Essenzialisten. Erstere behaupten, alles sei Materie oder Substanz (in diesem Sinn gemeint). Und da die Substanz oder Materie nur mit den fünf Sinnen wahrnehmbar ist und mit dem Verstand, der die von den Sinnen registrierten Daten koordiniert, ist sie nur ein sinnliches Resultat, das auch vom sinnlichen Subjekt verschie-

den ist, das dadurch, ohne es zu wollen, den Weg zu einem irreduziblen Dualismus öffnet. Die Spiritualisten oder Essenzialisten dagegen behaupten, alles sei Geist oder Essenz, und da der Geist weder von den fünf Sinnen noch vom empirischen Verstand wahrgenommen werden könne, sei er folglich ein Objekt des Glaubens.

Diese Dualität (Geist-Materie, empirische Vernunft-Glaube) hat zu vielen Diskussionen, Kämpfen und sogar zu Blutvergießen geführt.

Für die metaphysische Anschauung bilden Geist und Materie, Essenz und Substanz, Subjekt und Objekt, Noumenon und Phänomen keine irreduziblen Dualitäten, sondern lediglich eine *Polarität*, die sich in der metaphysischen Einheit, im Unbedingten und im eigenschaftslosen Unendlichen auflöst.

Nur die Metaphysik kann das Problem aller manifestierten Dualitäten und daher aller Kämpfe lösen, die leider aus dieser dualistischen Perspektive entstehen können.

Diese Metaphysik wird im Osten *Advaita* (Nicht-Dualität) und im Platonismus das Eine-Eine genannt.

9. Für den Metaphysiker sind daher alle Theorien, die aus der sensorischen Beziehung und Wahrnehmung entstehen, lediglich *Gesichtspunkte*, die in Bezug auf die synthetische oder vereinigende Anschauung Teilwahrheiten und nur bestimmte Ausschnitte des universalen Mosaiks repräsentieren.

Die metaphysische Anschauung *sieht* nicht nur das spezifische sinnlich Wahrnehmbare oder Formale, sie *sieht* nicht nur das universale und ursprüngliche oder intelligible Lebende, sondern geht darüber hinaus und enthüllt die höchste Wahrheit (*parasat*), aus der sie den Daseinsgrund und die Welt der Formen, die Welt des Lebendigen oder der Wesen zieht. Sie geht sowohl über das sinnlich Wahrnehmbare als auch über das Intelligible hinaus.

10. Die Wahrheit, die wir (im modernen Sinne des Wortes) als wissenschaftlich bezeichnen, ist eine Wahrheit, solange sie sich auf ihr spezielles Untersuchungsgebiet bezieht. Wenn wir entdecken, dass sich ein Phänomen auf gewisse Weise verhält und seinen bestimmten Anwendungsbereich hat, sagen wir, dass es wahr ist; aber dies stellt nur einen *Grad* an Wahrheit dar, nicht die ganze Realität. Im Gegenteil, einige phänomenale Wahrheiten können im Laufe der Zeit sogar widerlegt und von anderen phänomenalen Wahrheiten aufgehoben werden.

Stützt man sich ausschließlich auf phänomenale Wahrheiten, bedeutet dies nicht nur, die universale Wahrheit oder Konstante nicht zu entdecken, in der alle flüchtigen Phänomene ihren Ursprung haben, sondern auch, den Menschen in einen eingeschränkten, verstümmelten und einseitigen Zustand zu pressen, der ihm Entfremdung und Konflikt bringt.

Würden wir uns nur an die sinnliche Wahrnehmung halten, könnten wir nicht zu der sicheren und konstanten Erkenntnis gelangen, dass die sinnlichen Phänomene oder Erscheinungen des Lebens kontingent und der Veränderung unterworfen sind.

Das Phänomen in seiner vergänglichen Existenz muss, da es Kraft und Handlung, Ursache und Wirkung ist, notwendigerweise auf etwas Stabilem, Unverursachtem, das heißt auf etwas Realem basieren; es muss als Voraussetzung eine Triebfeder oder ein agierendes Prinzip haben, ein unbewegtes Prinzip, das seine Existenz in sich selbst hat und sich als reiner Akt, *causa sui*, als reine Erkenntnis und nicht als flüchtige, ungewisse und widersprüchliche Meinung erweist.

Die Beweglichkeit der Dinge und der sinnlichen Wesen gibt nur eine bewegliche, veränderliche und entfremdende Erkenntnis.

11. Dann gibt es *Pseudowissenschaftler*, die rigoros vorschlagen, all das, was mit den Sinnen nicht wahrgenommen werden kann, aus Forschung und Erkenntnis zu verbannen. Das Ich dieser unseriösen Wissenschaftler schafft sich damit eine Abwehr, weil es *a priori* an der philosophischen Auffassung festhält, dass alles Phänomen ist. Sollte das ideologische Gerüst, das sich so ein empirisches Ich errichtet hat und auf das es sich offensichtlich stützt, bloßgelegt werden, würde dieses Ich zweifellos zusammenbrechen und ins Leere fallen.

Das Individuum (und auch das Genie) ist oft ein Dogmatiker, ein Theologe, ein systematischer Philosoph. Für den Metaphysiker ist so ein Individuum wie ein Kind, das Angst hat, gestört zu werden, während es mit seinen materiellen, phänomenalen und vergänglichen Dingen spielt.

12. Philosophie setzt sich aus *filos*: Freund und *sophia*: Erkenntnis und Weisheit zusammen und bedeutet ethymologisch »Freund der Erkenntnis und Weisheit«. Im Laufe der Zeit hat der Begriff jedoch eine andere Bedeutung angenommen: Freund der individuellen, empirischen und repräsentativen Vernunft. Die heutige Philosophie handelt vorwiegend von *mentalen Vorstellungen*. Seit geraumer Zeit versteht man unter Philosophie die systematische, logisch-rationale, empirische Auffassung eines bestimmten Individuums. Und die wird oft nicht einmal von ihrem jeweiligen »Erfinder« *gelebt*.

Für Aristoteles bedeutet *erkennen gleich sein*, da die wahre Erkenntnis eine wirkliche Katharsis im Individuum bewirken muss. Wer ausschließlich nach mentalen Darstellungen sucht, bleibt wie er ist.

Die Philosophie der Überlieferung ist eine Philosophie, die *verwirklicht* werden muss, die eine Katharsis auslöst und transformiert, denn sie ist, wie Platon sagt, ein Mittel der *Askese*.

Wer die Erkenntnis nicht *lebt*, hat nicht erkannt. Wenn die Erkenntnis nicht ins Bewusstsein dringt, ist sie keine wahre Erkenntnis, sondern nur ein Erinnern an Daten und ein Erkennen von Fakten. Für die Gesellschaft der Überlieferung muss sich – das soll betont werden – die Erkenntnis im Gewahrsein des Seins auflösen, denn in jener Gesellschaft gibt es keinen Begriff für lediglich angehäuftes und quantitatives Erkennen, das den Dualismus und daher jede mögliche Aporie fortleben lässt.[1]

13. Für eine metaphysische Verwirklichung braucht man, wie schon angedeutet, zweifellos gewisse Qualifikationen des Bewusstseins. Außerdem ist eine Art von Intellekt erforderlich, der die Zeit transzendieren kann. Die Mehrheit ist in Zeit und Raum eingeschlossen, und für sie ist es schwierig, dem zu entkommen. Wer aber die metaphysische Erkenntnis verwirklichen will, muss *fliegen* können, was natürlich nicht bedeutet, dass man sich im »Unbestimmten«, Vagen und Allgemeinen verlieren darf.

14. Das Zeitlose in seiner Unmittelbarkeit zu erfassen bedeutet, dass man sich auf keinerlei psychophysische Praktik stützt. Es bedeutet, schlagartig in die alles umfassende und alles durchdringende *Gegenwart* einzutauchen. Die metaphysische Verwirklichung geschieht *hic et nunc*.

---

[1] Siehe Raphael, *Fuoco dei Filosofi*, Rom 1997

Das Reden über Epochen, Zeitzyklen, Übergänge von Rassen und Kulturen usw. bedeutet, innerhalb von Zeit und Raum, also im Rahmen der Geschichte zu diskutieren; und eine historistische Auffassung des Lebens ist materialistisch, daher relativ und phänomenal. Es gibt übrigens auch »Spiritualisten«, die – paradoxerweise – Materialisten sind.

15. So bleiben einige spiritualistische Lehren stets in Zeit und Raum gefangen, sprechen aber dennoch von absoluter, das heißt metaphysischer Wahrheit. Vermutlich haben sie kein Bewusstsein darüber gewonnen, was »metaphysische Anschauung« wirklich bedeutet, auch wenn Metaphysik natürlich keine Anschauung im üblichen Sinn des Wortes ist.

Metaphysik ist, und das muss erkannt werden, die Apanage einer *Elite*, aber nicht aus übernatürlichen Gründen, sondern weil es nur Wenige gibt, die *fliegen* können, weil nur Wenige danach streben, alle Barrieren zu durchbrechen, weil nur Wenige die Freiheit lieben, jene wahre Freiheit des Seins ohne einer zweiten. Die Mehrheit sucht das Göttliche oder Übernatürliche, um dem Verstand freien Lauf lassen zu können oder aufgrund eines psychologischen Zuspruchs oder zum Schutz des empirischen Ich. Wird sie nicht fündig, passt sie sich an, um dem Phänomenalen oder ideologischen Systemen philosophischer, politisch-wirtschaftlicher oder religiöser Natur zu dienen; dadurch gerät sie natürlich in Entfremdung.

Der Metaphysiker *bewahrt* die Individualität nicht, sondern *transformiert* sie und löst sie auf. In *Vedānta*-Begriffen könnte man sagen: Der Metaphysiker ist kein Anhänger von Viṣṇu (Bewahrer der Welt der Namen und Formen, also von Raum und Zeit), sondern von Śiva (Transformator und Auflöser der

Welt der Namen und Formen). Das beinhaltet auch, dass der Metaphysiker die Vielheit in die Einheit transzendiert und auflöst. So ist die metaphysische Anschauung eine Anschauung der Synthese, Ganzheit, Einheit und Essenz, denn der Weg der Synthese (nicht Synkretismus) ist der Weg der Auflösung, der Wiedereingliederung und der wahren Initiation.

16. Die Metaphysik gehört zu den *Großen Mysterien*, sie repräsentiert die höchste Erkenntnis (*paravidyā*), während die Wissenschaft in ihren zahllosen Anwendungsmöglichkeiten zu den *Kleinen Mysterien* gehört, denn sie handelt von der Erkenntnis des physischen und psychischen Naturbedingten (*aparavidyā*). Das Kosmologische und das Psychologische werden nicht von den *Großen Mysterien* repräsentiert. Die Mehrheit tendiert zur zweiten oder nicht-höchsten Erkenntnis, weil ihr das Erkenntniswerkzeug sinnlicher Ordnung greifbarer erscheint.

17. Um zu einer metaphysischen Anschauung des Wirklichen zu gelangen, muss man sich in den Pol, in den Mittelpunkt, in die Radnabe begeben. Es bedeutet, das Zentrum des Kreuzes, den Mittelweg zu betreten, der sich weder rechts noch links befindet, aber auch nicht in der Mitte, wie sie üblicherweise verstanden wird, denn der Mittelweg ist jener höchste Punkt, in dem die Polaritäten aufgelöst und vollkommen transzendiert werden.

18. Die Religion – wie sie gemeinhin verstanden wird –, die dogmatische Theologie, die empirische Philosophie, die Wissenschaft in ihrem physischen und psychischen Bereich, der Okkultismus im weitesten Sinne usw. haben, für sich betrachtet, nichts mit Metaphysik zu tun.

Diese Disziplinen können jedoch als Entwicklungen des Prinzips und daher als besondere Aspekte oder Modalitäten der Metaphysik betrachtet werden. Ihr Daseinsgrund und ihre Bedeutung können einen Sinn erhalten, wenn sie dem Prinzip unterworfen werden.

Nach der traditionellen Auffassung entstammte die heilige Wissenschaft (Astrologie, Kosmologie, heilige Magie, Psychologie usw.) der metaphysischen Anschauung. Als letztere immer mehr in den Hintergrund trat, zumindest für die Mehrheit, wurde aus der heiligen Wissenschaft eine profane. Durch den Ausschluss des Metaphysischen verlor sie ihre heilige Funktion, ihren wahren Daseinsgrund.

Wenn das *eine* Wissen getrennt, zerrissen und geteilt wird und jedes Teilstück die ganze Wahrheit für sich in Anspruch nimmt, fällt es Täuschung und Irrtum anheim. Wenn die zentrale Sonne der Erkenntnis in einer Kultur verschwindet, verfällt diese Kultur zwangläufig; sie zerbricht, wird gegensätzlich und konfliktgeladen.

Wenn die letzte Wahrheit der Dinge essenzieller noumenaler, einfacher, universaler und konstanter Ordnung ist, dann kann nur die Metaphysik jene Wirklichkeit ohne eine zweite erfassen.

19. Von metaphysischer Wahrheit zu sprechen ist eine Sache, diese Wahrheit zu *sein*, etwas ganz anderes. Die Mehrheit spricht lieber, weil das nur eine leichte Betätigung der Stimmbänder erfordert. Andere sprechen über Metaphysik, weil sie zur Flucht talentiert sind. Man muss darüber nachdenken und sich davon überzeugen, dass die überlieferte Metaphysik Verwirklichung ist, und Verwirklichung bedeutet Befreiung von allen sinnlich wahrnehmbaren und allen intelligiblen Dingen.

Aber wer liebt eigentlich die ganzheitliche Auflösung der eigenen Unvollkommenheit? – Zweifellos gibt es viele *paṇdit*, Theologen und Gelehrte der heiligen Wissenschaften, die ihr *dharma* erfüllen. Aber nur Wenigen gelingt es in der Stille ihres Herzens, der metaphysischen Unwissenheit (*avidyā*) den Todesstoß zu versetzen.

20. Die Metaphysik basiert auf sich selbst, weil sie auf der Absolutheit des Prinzips gründet. Sie hängt daher von keinerlei Wissenschaft und keinerlei spezifischer Erkenntnis ab, die sich mit der sich verändernden Natur im Allgemeinen beschäftigen. Aus diesem Grund entgleitet die metaphysische Anschauung jeglicher Definition, jeder Schematisierung und jedem Partikularismus.

21. Wenn die Liebe Einklang der Polaritäten, Aufhebung der Abstände, Harmonie, die die Gegensätze auflöst, und Eurhythmie des Ganzen ist, stellt das Metaphysische das dar, was auf konkretere Weise die Liebe und die Sphärenharmonie enthüllt.

22. Es gibt eine Handlung, die vom empirischen Ich erzeugt wird, und eine andere, die vom metaphysischen harmonischen Zentrum ausgeht. Die erste resultiert aus Erwerbsdrang, Utilitarismus, Ego-Anschauung, Gier sowie Anpassung an Ereignisse und Dinge. Die zweite ist die Frucht universaler Anschauung, die Fülle und Vollkommenheit schenkt.

In der ersten herrscht Spannung, Konflikt, störender Lärm und Widerstand; in der zweiten ist Entspannung, Erweiterung, Stille, ausstrahlende Liebe.

Die erste operiert auf der Ebene der Kräfte, der Massen, des kondensierten Feuers; die zweite wirkt auf der Ebene der Durchlässigkeit, der Synthese, des ausstrahlenden Feuers. Die erste agiert, um anzuhäufen und zu trennen, wodurch die Einheit des Lebens in Disharmonie gerät; die zweite agiert, um zu vereinen, einzugliedern und Frieden zu erzeugen.

23. Die Leidenschaften des Ego entfesseln zerrissene und abtötende Klänge. Das Individuum sperrt sich in Knechtschaft und Schmerz ein, um jene störenden Leidenschaften nicht aufgeben zu brauchen.

Wer sie besiegt, dem wird die Unsterblichkeit und dann die Ewigkeit geschenkt, welche die jungfräuliche Substanz beherrscht.

24. Die wahre Meditation des Herzens ist *Verständnis*. Um zu verstehen, muss der Verstand kraft des Feuers transformiert werden. Die metaphysische Erkenntnis ist ein »Feuer, das verzehrt«.

25. Es kann kein noch so vollkommenes gesellschaftliches Gesetz geben, das die Problematik der richtigen menschlichen Beziehung lösen kann. Jede Legislatur, die aus *Individualitäten* hervorgeht, ist nur ein Notbehelf, um spezielle kontingente Ansprüche zu befriedigen.

Die wahre Lösung des Problems der »richtigen Beziehung« auf jeder Ebene und Stufe ist der Weg der metaphysischen Anschauung; nur durch die Metaphysik kann das Individuelle dem Gesetz des Universalen unterstellt werden. Ein vollkommener Staat stimmt mit dem Prinzip überein. Der von Platon entworfene Staat ist vollkommen, weil er in Einklang mit der metaphysischen Lebensanschauung steht.

26. Wenn Verwirklichung Vereinigung bedeutet und auf höheren Ebenen *Identität* mit dem *Prinzip* ohne einem zweiten, kann der Metaphysiker die höchste uns bekannte Verwirklichung enthüllen.

27. Nichts kann dem, was *ist*, hinzugefügt oder weggenommen werden. *Ihm*, das immer war und immer sein wird, etwas hinzufügen oder wegnehmen zu können (mehr-weniger), hieße, dass das Absolute ohne Fülle, ohne Vollkommenheit und ohne Glückseligkeit wäre.

28. »Das Unsterbliche kann nicht sterblich werden, noch kann das Sterbliche unsterblich werden, da es keine Veränderung der Natur geben kann.« [1]

29. »Wie kann ein Mensch, der glaubt, dass ein Wesen unsterblicher Natur sterblich werden kann, gleichzeitig behaupten, dass das Unsterbliche, das erzeugt (manifestiert) worden ist, weiter seine unsterbliche Natur behalten kann?« [2]

30. »Die Dualisten behaupten die Entstehung dessen, was nicht-entstanden ist. Aber wie kann das, was nicht-entstanden und unsterblich ist, sterblich werden?« [3]

---

[1] *Māṇḍūkyakārikā III, 21, a.a.O.*

[2] *III, 22, ebd.*

[3] *III, 20, ebd.*

31. »Kraft der *māyā* – unter Ausschluss jeder anderen Möglichkeit – kann sich dieses Nicht-Entstandene (*Brahman* ohne Zweites) differenzieren. Wenn die Differenzierung real wäre, würde das Unsterbliche sterblich werden.«[1]

32. »Solange es eine mentale Vorstellung von der Kausalität gibt, dreht sich das endlose Rad der Geburten und Tode weiter. Aber wenn das Denken über die Kausalität aufgelöst wird, hören Geburten und Tode auf, sich zu erzeugen.«[2]

33. Wenn die Welt der Phänomene kontinuierliche Veränderung, unaufhörliche Transformation und einfache Erscheinung ist, kann sich dann das Andauernde, Ewige, Unsterbliche, die absolute Konstante überhaupt in ihr befinden?

34. Wie kann es in der ewigen Gegenwart zeitliche Diskontinuität, Evolution und Zyklen von Geburt und Tod geben?

Ewige Gegenwart bedeutet Unteilbarkeit, was notwendigerweise jede Bruchstückhaftigkeit, jede Zusammensetzung und jedes Werden ausschließt.

Es ist unmöglich, einen Gott zu ersinnen, der *wird*, der geboren wird und stirbt, der kleiner und größer wird, der auf- und absteigt.

35. »Von nichts Realem kann man sagen, es trete ins Dasein, noch kann man sagen, daß der diesen Augenblick noch nichtseiende Topf im nächsten Augenblick ins Dasein kommt. Dies scheint ein Widerspruch zu sein. Wenn wir erkennen, daß die Dinge kein absolutes Sein besitzen, folgern wir, daß sie

---

[1] *III, 19, ebd.*
[2] *IV, 56, ebd.*

keine anderen Dinge mit einem solchen Sein hervorbringen können. Wenn wir von Ursachen sprechen, so geschieht dies unter Preisgabe der Logik, indem wir uns mit Begriffen wie Subjekt und Objekt, Wesen und Eigenschaft, Raum und Zeit behelfen. Von der Warte des Absoluten aus betrachtet, gibt es weder Ursachen noch Wirkungen, weder Werden noch Vergehen.«[1]

36. Die Ganzheit oder Einheit kann nur auf logische Weise geteilt werden. Die quantitative Vielheit des Seins ist eine einfache Meinung, die für die Bequemlichkeit des Ego-Bezugs erfunden worden ist.

37. Wenn das Absolute ohne Ursache und ohne Bewegung ist, welche Art von Ursache und Bewegung könnte dann der Befreite hervorrufen? Wenn die Dinge, die du in dir und außerhalb von dir wahrnimmst, *nicht sind*, weil sie der Sphäre des Kontingenten und Vergänglichen, das heißt dem Nichtsein angehören, sage mir, wovon du dich trennen musst? Wenn du die einzige und vollkommene Wirklichkeit ohne eine zweite *verstehst* und *bist*, sage mir, von wem du etwas erwarten könntest und vor wem du Angst haben müsstest?

Wenn dir das Schwert der intellektiven Unterscheidung (*noûs*) die Wahrheit als die einzige und ungeteilte Wirklichkeit enthüllt, dann sage mir, wie du die Welt des Irrtums und der Meinung noch weiter mitansehen kannst?

Wenn die gleißende Sonne in dir erstrahlt, dann sage mir, auf welche Weise du die Finsternis noch sehen kannst?

---

[1] S. Radhakrishnan, *Indische Philosophie*, Band 1, S. 554 f., Holle Verlag Darmstadt, Baden-Baden, Genf

38. Die Ereignisse-Dinge oder Zeit-Raum führen nicht zum unbedingten Sein. Nur wenn die Ereignisse-Dinge oder Zeit-Raum zu Ende sind, enthüllt sich das Sein und zeigt sich von selbst.

39. Nicht das Begehren führt zur Begierdelosigkeit, sondern das Aufhören des Begehrens. Nicht das Denken führt zur Gedankenlosigkeit, sondern das Aufhören des Denkens. Nicht die Unwissenheit führt zur Erkenntnis, sondern das Aufhören der Unwissenheit.

40. »So erscheint ihm [dem Menschen] die tatsächliche Entwicklung, die nichts anderes als Vervollständigung, Integration ist, in einer Aufeinanderfolge – Geschichte – oder einem Gerinnen – Philosophie –, oder in einem brennenden Sehnen – Religion; wobei die erste die nicht auf eine Aufeinanderfolge rückführbare Beweglichkeit fixiert, die zweite die nicht auf eine Unbeweglichkeit rückführbare Unveränderlichkeit kristallisiert und die letzte die nicht auf ein Versprechen rückführbare Gewißheit parodiert. Indem er sich also dem zuwendet, was nie sein wird, bricht der Mensch den Kontakt ab und verliert sich. Einer illusorischen Erkenntnis entspricht ein illusorisches Handeln, einem Schwindelgefühl ohne Zentrum ein aufgeregtes Hin- und Herrennen ohne Ziel: Was im Bereich des Lebens verlorengegangen ist, hat sich im Bereich der Erkenntnis zu einer künstlichen Wesenheit kristallisiert und verbunden. Der Mensch ist ein Kind, das um Mitternacht geboren wurde – sagt ein taoistischer Text –, und glaubt, daß das Gestern nie existiert hat: innerlich leer, hat sich der Hauch von ihm zurückgezogen. Von außen gestoßen, ist er dem Außen zugewandt. So gibt der moderne Mensch dem Glanz der Zukunft nach und ahnt in seiner Armseligkeit nicht, was er nicht

sieht, was über ihn hinausgeht, was *vor* ihm ist und *hinter* ihm, als tiefe und unsichtbare Blutader. Nach Erschöpfung des Rhythmus der Kontemplation zeigt sich der Rhythmus der Aktion künstlich verstärkt. Geschichte, Kunst, Philosophie, Glaube – inmitten dieser vier Leichen lebt der leichenhafte Mensch den Mythos der Zukunft, das heißt des Unerreichbaren, und fertigt daraus Kranz und Maske für den eigenen Tod: gestorben, bevor er gestorben ist, bejaht er ein Leben in der Zukunft; in Verwesung übergegangen, bevor er zu leben begonnen hat, spielt er im Todeskampf mit der zukünftigen Wiederauferstehung; in einer nichtigen Gegenwart wendet er sich in Richtung einer illusorischen Zukunft.«[1]

41. Aus der Sicht der bruchstückhaften Wahrnehmung des Verstands ist die Zeit das Ewige, Unsterbliche. Es gibt verschiedene Ebenen der Wahrnehmung von Zeit, die sich gegenseitig ausschließen. Die »Zeit« eines Subjekts, das sich in einem gewissen Zustand befindet, unterscheidet sich von der »Zeit« eines anderen Subjekts. Die Zeit ist eine Wahrheit in Bezug auf etwas, daher eine relative Wahrheit, eine Wahrheit der Vorstellung.

42. Interpretierst du die Wirklichkeit etwa als »Anfang« und »Ende der Zeiten«? – Hör zu, es gibt nichts Schlimmeres, als sich an die dahinschwindenden phänomenalen Trugbilder zu klammern, und es gibt keine größere Torheit, als an das Nichtexistente zu glauben.

Wenn du *Gewissheit* über dein Wesen haben willst, hoffe nicht und lehne dich auch nicht in die Zeit oder Vorstellung

---

[1] Julius Evola / UR, *Schritte zur Initiation,* Bd. II, Interlaken 1997

hinaus. Glaub nicht an die Gewissheit, die dir, in Form einer menschlichen Novelle, die Zeit präsentiert. Die Zeit kann dir nur Täuschung und Konflikt bieten.

Deine Gewissheit liegt im Zeitlosen, in jener Zeit, die nicht wird, weil sie die »ewige Stunde« ist.

43. Du, der du die Zeitlosigkeit oder ewige Gegenwart nicht begreifst, hast dir für dein Überleben einen Gott konstruiert, der »wird«, einen Gott, der geht und herumspringt. Das psychologische Ich ist zu seinem Überleben zu allem fähig; sogar dazu, einen hüpfenden Gott zu erfinden.

44. Die Befreiung ist nicht in der Zeit. Solange du von Zeit sprichst, bist du im Gefängnis.

Aber ein Austreten aus der Zeit bedeutet ein Austreten aus dem Sinnlichen und Konfliktgeladenen, und das lässt denjenigen erschaudern, der sich mit dem Denken identifiziert.

Wenn du dich weiter in der Zeit aufhältst, wirst du dich zweifellos in der Zeit wiederfinden. »Gehend« wirst du das Ziel nicht erreichen.

45. Wo Zeit ist, da ist Raum, und beide stellen dein *Bedürfnis* und deine metaphysische Unwissenheit dar. Die Zeit gibt dir Hoffnung und der Raum Trost, aber diese Dinge gehören dem empirischen Ich an und nicht dem Selbst. Wenn du das empirische Ich liebst, wiege dich in Zeit und Raum. Wenn du das Selbst liebst, sei kühn und »töte« die Schlange, die sich in den Schwanz beißt.

46. Zeit bedeutet »Anfang« und Anfang beinhaltet »Tod«. Geburt und Tod stehen in Beziehung zur Zeit. Aber eine Gege-

benheit, die bereits existiert, kann nicht entstehen, und eine Gegebenheit, die nie existiert hat, kann nicht in die Existenz treten. Das Ewige kann nicht entstehen, und das, was nicht ewig ist, hat keine substanzielle Wirklichkeit.

Die Zeit führt in die Zeit. Wenn du dich am vergänglichen Werden festklammerst und dabei glaubst, deine Unvollkommenheit transzendieren zu können, wirst du am Ende der zeitlichen Zyklen entdecken, dass du an den Anfangspunkt zurückgekehrt bist.

In Werden-Prozess-Geschichte wirst du nicht die Auflösung des Werdens finden. In der Zeit und mit der Zeit wirst du nicht deinen Durst nach Befreiung löschen können.

Fliehe vor denen, die sich als Verehrer der Zeit präsentieren. Wenn du deine Wahl getroffen hast, bleibt nur eine Möglichkeit: der Weg des Feuers, des Blitzes oder des Pfeils.

47. O du, der du auf Feuerzungen reist, widerstehe den lodernden Flammen so lange, bist die Zeit zu Asche geworden ist.

Die Personifizierung des Werdens ist eine Objektivierung, in der die Wahrheit versteckt wird.

Die Zeit will den Menschen zum Sklaven machen, ebenso die Geschichte in ihren verschiedenen Zweigen.

Der Sieg über diese geschichtlichen Trugbilder ist schöpferische Kraft, und schöpferische Aktivität entfesselt Freiheit und Vollendung.

48. Entweder du bist Relativität, dann musst du dich damit abfinden, den konfliktgeladenen Dualismus zu leben. Oder du bist Absolutheit, dann lebst du deine Konstante und das Eine ohne Zweites. Um das zu sein, was du bist, brauchst du niemanden um Erlaubnis zu fragen.

Wenn du sagst, dass du der eine wie der andere Faktor bist, antworte ich dir, dass dies nicht möglich ist, da sich die beiden Faktoren gegenseitig ausschließen. Das Licht widerspricht der Finsternis, und die Finsternis widerspricht dem Licht, das Leben widerspricht dem Tod, und der Tod widerspricht dem Leben.

Wenn du sagst, dass du *auch* Relativität bist, antworte ich dir, dass diese Relativität nur etwas Unwesentliches, ein dahinschwindendes Phänomen ist, das im Vergleich zu deiner Absolutheit keinerlei Wert besitzt.

49. Entweder du bist sterblich, dann zähle deine elenden Tage, oder du bist unsterblich, dann kann das Leben wahrlich einen Sinn erhalten.

Wenn du sterblich bist, ist diese Welt, die du dir errichtet hast, ebenfalls sterblich, aber wozu solltest du dann noch Luftschlösser bauen? Aus welchem Grund solltest du handeln, wenn Zweck und Ziel dieser Welt es sind, *nicht* zu sein?

Wenn du sterblich bist, wozu solltest du Trugbilder lieben, die Kadavergeruch ausströmen, und ihnen dienen?

Wenn du sterblich bist, wozu solltest du Nachwuchs zeugen, der – kaum geboren – schon wieder im Rachen der Sterblichkeit und Vernichtung verschwindet?

50. Wenn du unsterblich bist, warum bestehst du dann darauf, in einer Vergänglichkeit zu leben, in die du nicht gehörst?

Wenn du unsterblich bist, lebe und drücke deine Ewigkeit aus. Wenn du unsterblich bist, sind auch das Leben und die bewusstheitlichen Wesen unsterblich. Daher wäre es verrückt, das Unsterbliche umformen, verwandeln oder revolutionieren zu wollen. In ihm ist nichts umzuformen, niemand ist darin zu erlösen, nichts zu retten. Es geht höchstens darum, schlafende Wesen zu ihrer Unsterblichkeit aufzuwecken.

Die Unsterblichkeit beinhaltet Vollkommenheit, Beständigkeit, Nicht-Abhängigkeit, Nicht-Begehren, Nicht-Aktivismus, Nicht-Finalität. Wie könnte etwas, das nie entstanden ist und nie vergehen wird, begehren, machen oder haben wollen?

Der Unsterbliche steht außerhalb von Zeit, Raum und Ursache; und wer sich außerhalb der phänomenalen Vergänglichkeit befindet, lebt aus eigenem Antrieb, ist *causa sui*, jenseits von Prozess, Veränderung und Produktivität.

51. Wenn du zu deiner zeitlosen, räumlichen, ursächlichen Unsterblichkeit aufwachst, löst du schlagartig all deine existenziellen Probleme; mehr noch, sie verschwinden wie Nebel im Wind. Das Problem existiert nur in der Ungewissheit des Werdens. Im Zeitlosen aber existieren keine Probleme, ebensowenig wie in der Sonne das dualistische Problem der Morgen- und Abenddämmerung existiert.

52. Was benötigt man, um zu dem aufzuwachen, was man wirklich ist? Wenn du ein menschliches Wesen bist und dich in deiner freien Projektions- und Denkfähigkeit für einen Baum hältst, was ist dann nötig, damit du dich wieder als menschliches Wesen betrachtest? – Du brauchst jemanden, der, nachdem er sich selbst als menschliches Wesen *erkannt* hat, dich zu dem Gewahrsein anregt, Mensch zu sein und kein Baum.

Und wenn du mich fragst: Was wird geschehen, wenn ich trotz der entsprechenden Anregung nicht aufwache? – Nichts. Du hörst deshalb nicht auf, unsterblich zu sein. So sehr du dich auch für etwas halten magst, was du nicht bist, wirst du dennoch nie deine Natur bzw. das, was du wirklich bist, verändern können. Ein Glaube ist ein Glaube und eine Meinung ist eine einfache mentale Vorstellung, die nichts bewegt, erzeugt oder verändert.

So sehr sich die Meinungen in der Welt der Menschen bis zum äußersten Wahnsinn bekämpfen mögen, sie ändern dennoch nichts. Der Mensch des Glaubens und der Meinung war stets fanatisch, sektiererisch und verrückt, er ist es auch heute und wird es zukünftig sein, trotz allen technologischen »Fortschritts«.

53. Wenn du es wirklich Leid bist, in der Welt des Glaubens und der Meinungen zu schlafen, bleibt dir nichts anderes übrig, als zu deiner unsterblichen und vollkommenen Natur aufzuwachen. Dazu reicht dir allein das Gewahrsein, allerdings das gesamte, ganzheitliche Gewahrsein, frage nicht nach anderem. Und was diejenigen betrifft, die noch weiterschlafen möchten, so lasse sie schlafen, es ist ihr gutes Recht. Lasse die Schlafenden ihre Schlafenden begraben. Was dich betrifft, so wache zum Gewahrsein deiner Ewigkeit auf.

54. Wenn du also wagst, mit dem Schwert der Unterscheidung all das zu scheiden, was ein »Zweites« oder etwas anderes von dir darstellt, dann fixiere dich in dem, was du bist. So wirst du dich als *reines Bewusstsein ohne Inhalt* oder Zweites erkennen.

Denke daran: Du bist nicht das Bild, das sich dir im Spiegel zeigt; es ist nur ein verzerrter Widerschein dessen, was du bist. Deine gegenwärtige Erkenntnis steht in Beziehung zu diesem Bild; es ist eine indirekte, widergespiegelte Erkenntnis.

Die wahre Erkenntnis bist du selbst, denn es gibt nur eine Wirklichkeit, und die bist du. Es gibt also nicht zwei Wirklichkeiten: die von dir und die des Spiegels (Dualität). Die des

Spiegels ist nicht real, sondern nur ein verzerrtes Abbild, ein Widerschein, eine Kopie, ein Scheinzweites, ein Schatten. Die Bewegung des Bildes wird durch die Bewegung des Spiegels bewirkt, nicht durch dich. Das, was du im Spiegel siehst, das Zweite, existiert in Wirklichkeit gar nicht, es hat keine Ipseität, sondern ist eine vom Spiegel erzeugte Täuschung.

Wende deine Aufmerksamkeit vom Bild ab und fixiere sie auf das Subjekt, das du bist. Auf diesem Rückzug aus der Welt der Namen und Formen – welcher Dimension und welchem Grad sie auch angehören mögen – wirst du dich in deiner fest gegründeten Glückseligkeit enthüllen, und das Zweite wird verschwinden.

55. Überlege auch: Das Sein kann, insofern als es *ist*, nicht werden, und es kann auch gar nicht anders als *sein*. Und das Werden wird, insofern als es wird, nie *sein* können.

Zuvor wurde bereits Folgendes angedeutet: Eine Gegebenheit, die real ist, kann nicht in die Existenz treten, da sie ja schon *ist*. Wenn sie hingegen nicht real ist, befindet sie sich offensichtlich auch nicht in der Existenz. Etwas Reales, das wird, ist undenkbar, weil es ein größer und kleiner werdendes, entstehendes und vergehendes Subjekt wäre. Und da das Nicht-Reale keine Ipseität hat, kann es sich nicht für eine absolute Gegebenheit halten.

Und was ist das, was du siehst und wahrnimmst? – All das, was du aus der Perspektive des Seins siehst, ist scheinbare Bewegung, die sich in Linien, Flächen, Volumina auflöst, die *erscheinen* und *verschwinden*, die sind und nicht sind, kommen und gehen. Welchen Wert kannst du folglich dem beimessen, was ist und dennoch nicht ist, was erscheint und dann verschwindet? – Wenn du für einen Augenblick lang die Sonne betrachtest, die sich im bewegten Wasser spiegelt, wirst du bemerken, dass sich nicht die Sonne bewegt, sondern das Wasser, das seiner Natur nach Gegenstand des Werdens und der Bewegung ist. Ein Nicht-Kenner könnte glauben, dass sich nicht das Wasser bewegt, sondern die darin widergespiegelte Sonne. – Nicht das Sein bewegt sich also, sondern seine Materie, Substanz oder χώρα, wie es der göttliche Platon ausdrückt, der die unterschiedlichen Vorstellungen von Wirklichkeit untersucht hat.

Wenn die Dinge also nicht sind, da sie nicht das Sein sind, wirst du einsehen, dass es ein Wahnsinn wäre, sich auf Gegebenheiten zu stützen, die erscheinen und verschwinden. Deshalb ist es notwendig, dass du das Sein vom Nichtsein unterscheidest, von dem, was trotz einer Teilhabe am Sein nicht das Sein ist. Wenn du nun ein Forschender nach der letzten oder der alleinigen und einzigen Wirklichkeit bist, weil du mehrere Wirklichkeiten nicht akzeptieren kannst, wirst du erkennen, dass die einzige und wahre Wirklichkeit das Sein ist und dass alles, was hinter ihr steht, kein Sein ist und nie ein Sein werden kann.

Wenn das Erkennen von etwas Wahrem ferner beinhaltet, das erkannte Wahre auch anzunehmen (was noch mehr für jene *eine und einzige Wahrheit* gilt), wirst du einsehen, dass du gar nicht anders kannst, als diese Wahrheit zu *leben* und zu *sein*. Wie also könntest du, der du nunmehr das Wahre kennst und annimmst, dir widersprechen, dich verleugnen und damit das Feld wechseln, wenn dir die Welt der Meinungen den Irrtum präsentiert?

In Wahrheit bleibt dir nur eine einzige Möglichkeit: *der Weg des Seins*. Die Sophismen der Meinung hingegen überlasse der Menschenwelt, die sich für »Werden« hält.

Teil II

Nicht-Begehren

1. Eine echte polare Stellung beinhaltet Abwesenheit von Begehren. Reines Bewusstsein ist Abwesenheit von emotional-mentalen Inhalten; die helle und reine Leinwand ohne überlagerte Vorstellungen, ohne Niederschlag von Objekten, ohne Zweites; reines Feuer.

2. Das Feuer der Freude taucht auf, wenn alle Wünsche beseitigt sind, wenn das konfliktgeladene Ich transzendiert ist. Wahre Freude ist unpersönlich, jenseits von jedem emotionalen Überschwang, der bewegtes »Wasser« ist.

Wenn du die vollkommene Freude erlebst, hörst du auf, empirisches Ich zu sein: Dann existiert nur noch Freude, die dem Raum gebietet, schön zu sein.

3. Die Aktivität eines gewöhnlichen Individuums besteht aus Reaktionen, die Ausdruck seiner speziellen individuellen Konstitution sind. Es ist das »Ich«, das von Objekten oder Ereignissen umgeben ist, die angenehm oder unangenehm, anziehend oder abstoßend sind. Und das Handeln geschieht in Funktion seiner Wünsche, Ängste und seiner Vergangenheit. Daher sind all seine Reaktionen falsch, partiell und unpassend, weil sie auf dem Ego basieren, der Grundlage der Getrenntheit.

Der vollkommen Verwirklichte erreicht jenen ich- bzw. wunschlosen Zustand, in dem alle reaktiven Feuer verschwunden sind. Seine Handlungsweise ist unpersönlich, spontan, unschuldig und rein.

4. Ein befriedigter Wunsch ist nichts anderes als dessen Tod.

Wenn du dich nach Glück sehnst, suchst du nichts anderes als den Tod deines eigenen Wunsches. Das bedeutet, dass dein tiefster Wunsch die Wunschlosigkeit ist, die deinem Bewusstsein als einfache Leere erscheint. Und doch ist es diese Leere, in der du die wahre Natur des glückseligen und reinen Feuers entdecken kannst, des ausstrahlenden Feuers, das mit Wasser nicht gelöscht werden kann.

5. Im Zustand des *Nicht-Begehrens* gibt es keine Fragen. Dieser Zustand ist Fülle und absoluter Friede; das Fließen des Lebens ohne ein in Widerspruch befindliches Ich; der Flug einer Schwalbe in vollkommener Reglosigkeit; die Schönheit einer Morgendämmerung, die dem Verstand die Stille schenkt; die Ruhe des Meeres ohne Wellengang.

6. Begehren ist Werden, und im Werden sind weder Stille, Liebe oder Aufmerksamkeit; noch Hingabe, Versenkung oder Enthüllung der Essenz.

Wenn ein Wunsch auftaucht, bist du nicht in Frieden mit dir selbst; du bist mit anderen Worten nicht in dir selbst *verankert*.

Was ist diese Rastlosigkeit, die sich nach etwas sehnt und begehrt? Was stört da?

Begehren ist zentripetales Feuer, Angstzustand; seine Erfüllung ist Abnutzung, Illusion des Augenblicks.

7. Es ist nicht weise zu versuchen, anders zu sein, als man ist. Nicht durch Nachahmung oder indem man sich mit jemandem identifiziert, kann man sich wiederfinden.

Du musst den Mut aufbringen, deine Unsterblichkeit in einer Stille zu ergreifen, in der du vollkommen alleine bist, ohne den Wunsch, »Dieses« oder »Jenes« zu sein. »Dieses« und »Jenes« gehören in den Bereich der Substanz (Materie oder χώρα), die in kontinuierlicher Wandlung ist, und das beinhaltet Nichtsein.

8. Die Natur des Begehrens zu kennen heißt, den Ursprung des besitzergreifenden und getrennten Ich zu enthüllen. Das beinhaltet eine selten zu findende Achtsamkeit gegenüber dem Prozess der mentalen Veräußerlichung und gegenüber den Reaktionen auf die Dinge. Diese Achtsamkeit ist reines Beobachten.

9. Das Begehren transzendieren bedeutet, seine wahre Natur verstanden zu haben. Solange du dein ontologisches Ich, das wahre formlose Feuer, nicht wiedergefunden hast, wird dich das Begehren von einem Objekt-Ereignis zum anderen ziehen. Das Begehren beseitigen zu wollen, ist allerdings auch schon wieder ein Wunsch. Du kannst eine Täuschung nicht durch eine andere Täuschung beseitigen.

Erst wenn dein Bewusstsein in der Unwägbarkeit, im Zustand ohne einen vergegenständlichenden Inhalt verharrt, verliert das Begehren seine mit all der trügerischen Faszination fesselnde Kraft.

Der Verstand wird rein und ruhig, sobald er seine Bewegung versteht, und dieses Verstehen beinhaltet Eingliederung.

10. Der Verstand projiziert das empirische Ich, welches das Subjekt, den Erfahrenden und das Bild-Ereignis, das zum Objekt wird, darstellt. Diese Dualität bleibt stets lebendig, so-

lange man sich mit dem Ich, einem einfachen Erzeugnis, oder mit dem Objekt, einer verzerrenden Täuschung, oder mit beiden identifiziert, die Prozess und Werden sind. Sie verschwindet, sobald sich der Verstand in der Einheit ohne zweiten auflöst.

Im Traum projiziert der Verstand den Erfahrenden (das Ich des Traums) und das Erfahrene. Diese Dualität kann nur aufgelöst werden, indem man aus dem Traum-Begehren aufwacht.

Der Wiedererwachte ist derjenige, der alle Dualitäten-Polaritäten, das heißt das gesamte manifeste Feuer-Phänomen, im Wachzustand, im Traum und im traumlosen Tiefschlaf transzendiert hat.

11. Die Psychoanalyse strebt danach, das Ego-Begehren ins Gleichgewicht zu bringen, denn sie hält das Ego für real. Was aber bereits bruchstückhaft und in Konflikt entstanden ist (Ego), kann nicht ins Gleichgewicht gebracht werden. Wir können nicht einen Blinden sehend machen oder einem Stein Weisheit verleihen. Außerdem ist das Ego nur ein Phänomen, ein Kontinuum-Diskontinuum ohne absolute Wirklichkeit, wie die Widerspiegelung der Sonne im Wasser.

Der »Feuerweg« zielt darauf ab, dieses Ego-Begehren, das unaufhörlich Brüche, Ungleichgewicht und Konflikte verursacht, zu transzendieren und aufzulösen.

12. Es ist notwendig, dass du zwischen ausstrahlender Freude oder göttlicher Glückseligkeit und dem widergespiegelten Glück sinnlicher Ordnung unterscheidest.

Erstere entsteht aus einem Zustand der *Ich-* und *Wunschlosigkeit*, das zweite geht aus einer Reaktion der Anziehung des egozentrischen Ich hervor. Die erste ist universaler Ordnung und unvergänglich, das zweite individueller, ausschließlicher Ordnung und auf den Augenblick begrenzt.

13. Wenn du das Begehren transzendieren willst, erweiche die trockene Sonne und den flüssigen Mond durch die Handlung des Feuers, bis sich die beiden im Brautgemach deines »Gefäßes« vereinen. Dann wirst du einen Glorienkörper erhalten, der fliegen kann wie ein Adler.

14. »Ich bin glücklich« ist eine Aussage ohne Sinn. Sie setzt ein wahrnehmendes Subjekt voraus, eine Eigenschaft (Glück) und ein Objekt-Ereignis als Werkzeug des Glücks. All das erzeugt Dualität. Aber auf der Ebene der Dualität kann man das wahre Feuer der Philosophen nicht finden. Letzteres taucht erst dann auf, wenn Subjekt-Objekt und Eigenschaft von der Leinwand deines Bewusstseins verschwunden sind.

15. Durch das Vergessen des echten Quecksilbers der Philosophen entsteht in dir ein Drang oder Begehren nach äußerem Glück und äußerer Erfüllung. Das bleibt aber fruchtlos, weil die wahre ausstrahlende Freude nur durch das alles durchdringende Feuer enthüllt werden kann, und zwar in jedem Moment deiner Existenz.

16. Es gibt viele Gelehrte auf dem Gebiet der Initiation und andere, die mit esoterischen Kenntnissen beladen sind; sie alle werden durch das Begehren genötigt. Es gibt wenige Verwirklichte, weil nur Wenige den Mut aufbringen, den eigenen inneren Feind in Angriff zu nehmen, der aus vergänglichem intellektivem und emotionalem *Genuss* besteht.

17. Im Begehren ist Unvollkommenheit, Rastlosigkeit, Verwirrung. Der gewöhnliche Mensch denkt, er könne nicht ohne Begehren leben; der Weise gebraucht das Begehren nicht, um zu handeln.

Das Selbst enthüllt sich einfach, unschuldig, natürlich, frei. Obgleich es sich enthüllt, handelt es nicht; obgleich es sich manifestiert, bleibt es transzendent.

18. Die wahre Stille entsteht nicht durch das Unterdrücken des empirischen Ich, sondern durch das Verstehen der Energien, die den Aufruhr jenes Ich verursachen. Der überwiegende Teil der Gedanken und Begierden entsteht durch einen unbewussten Reflex der Selbstverteidigung und durch die psychologische Angst vor dem Tod. Das Begehren ist die treibende Kraft, die auf den Gipfel des Schmerzes drängt. Und das Begehren kann nicht ausgelöscht werden, indem man weiter begehrt.

19. Vier Fragen mögen dein Bewusstsein anregen:

1. Woran denke ich?
2. Wie denke ich?
3. Warum denke-begehre ich?
4. Wer ist das, der denkt-begehrt?

Wenn du über diese vier Fragen tiefgründig meditierst, wirst du die Natur des denkenden Subjekts, die Natur des Denkens, den Mechanismus, der dich zum Denken drängt, und den Zweck deines Lebens-Denkens enthüllen. Erst dann wirst du dir den rauhen Stein vornehmen können, der poliert werden muss.

20. »Der Mensch ist so beschaffen: Sobald er einen Wunsch erfüllt hat, bricht ein neuer mit derselben Kraft wie der vorige hervor und regt ihn an. So wird er unaufhörlich in Bewegung gehalten und gelangt nie zu innerem Frieden.«[1]

21. »Wir sind nie entfernter von unseren Wünschen, als wenn wir uns einbilden, das Gewünschte zu besitzen.«[2] Das Begehren ist ein Trugbild, das zu endloser Bewegung in eine Sackgasse führt.

22. Die Bandbreite der Wünsche ist grenzenlos und beschaffen wie eine Treppe: Je höher du steigst, desto unbefriedigter wirst du. Das Begehren ist die Ursache des Werdens. Nur das Feuer der Philosophen kann es verbrennen.

23. »Ich habe mir, wie alle Menschen, Ehre und Gewinn gewünscht, und viele Male habe ich mehr erhalten, als ich gewünscht oder erhofft habe, und dennoch habe ich nie jene Befriedigung in meinem Inneren gefunden, die ich mir vorgestellt hatte. Möge man die Vernunft in Betracht ziehen, damit sie so stark sei, die eitlen Begierden der Menschen zu beseitigen.«[3]

24. Wenn das Begehren aufhört, wird der Reichtum der Erde durch die objektlose Glückseligkeit ersetzt. Die wahre Freiheit ist nicht die Freiheit politisch-gesellschaftlicher Ord-

---

[1] Abt Ferdinando Galiani

[2] Goethe, *Die Wahlverwandtschaften*

[3] Francesco Guicciardini, *Ricordi*

nung, sondern jene, die sich vom Begehren und von der sinnlichen Sehnsucht befreit, die in der Vergangenheit lebt.

25. Die Begierdelosigkeit bringt dich zur Widerstandslosigkeit, zur Mühelosigkeit, zur mentalen Ruhe, zur Verhaftungslosigkeit und zur Beseitigung der Identifikation mit dem kondensierten oder individualisierten Feuer.

26. Wenn alle Begehren im Herzen aufhören, nimmt der Sterbliche die Unsterblichkeit wieder auf und jeder Umriss löst sich im dimensionslosen Punkt auf.

Der Flug auf der Ebene der Widerstandslosigkeit gehört jener Seele, die sich in *Äther* aufgelöst hat.

27. Die einen begehren materielle, die anderen himmlische Güter; der Beweggrund ändert sich nicht: In beiden Fällen gilt es, Wünsche zu erfüllen. Und es ist bekannt, dass Wünsche verschieden und unvorhersehbar sind. Aber Wünsche lösen nicht das existenzielle Problem.

28. Wenn Begehren da ist, kann keine Liebe entstehen. Um lieben zu können, darf man nicht begehren. Um lieben, d.h. verstehen zu können, muss man achtsam sein, ohne Anstrengung, ohne Übertragungsbewegung. Im Begehren ist Besitzergreifen, Ausschließlichkeit, Tod der Beziehung. Begehren erlaubt keinen fruchtbaren Dialog.

29. Was du Liebe nennst, ist Begehren. Da die Menschheit in Wirklichkeit nie glücklich gewesen ist, weil sie nur begehrt hat, könntest du daraus schließen, dass auch die universale Liebe keine Glückseligkeit ist. Das ist der übliche Irrtum, der

bei Überlagerung begangen wird: Du überlagerst Liebe-Glückseligkeit mit Begehren-Konflikt und verwechselst dadurch das Seil mit der Schlange.

30. Je mehr du begehrst, desto weiter entfernst du dich von der Fixheit des Quecksilbers. Je mehr du die Gier auslebst, desto mehr fällst du der Täuschung anheim. Je mehr du dich mit Täuschungen umgibst, desto weniger wirst du den unverweslichen *Schwefel* enthüllen können. Der »Feuerweg« besteht aus dem Wissen, wie man die Grenzen durchbricht, auch jene, die Befriedigung versprechen können.

31. Wenn Begehren nicht die Lösung des existenziellen Problems darstellt, musst du die Aufmerksamkeit auf den Bewusstseinszustand lenken, der aus eigener Bewegung heraus lebt, auf sich selbst basiert sowie Stille und *pax profunda* bietet. Der wahre Zustand des Seins ist Freiheit, Freiheit von dem Begehren, Haben, Besitzen und Nehmen. Denke daran, der reine *Schwefel* offenbart sich nur dem, der dem Reiz des weltlichen Begehrens nicht erliegt. Wenn du den nötigenden Drachen nicht mit dem Schwert oder der Lanze tötest, kannst du weder die Scheidung vollziehen noch deinen leuchtenden Glorienkörper erheben.

Überlagerung

1. Es existiert eine Leinwand und es existiert ein Film, der auf sie projiziert wird. Oft identifiziert sich das Individuum mit dem Film (Werden), mit der Überlagerung also. Der Befreite hingegen taucht in die Leinwand ein, die stets identisch mit sich selbst ist, jenseits von Zeit und Raum. Er gliedert sich in die Essenz des Feuers wieder ein.

2. Die Mehrheit überlagert die Leinwand (das Reale) mit Täuschungen, Vorstellungen und Objekten des Films. Hierher rührt die metaphysische Unwissenheit, die sich in Konflikten niederschlägt. Das Verwechseln der Täuschungen und Vorstellungen mit der absoluten Wirklichkeit ist der Zustand des Nicht-Erwachten. Das Verwechseln des Selbst mit den grobstofflichen, feinstofflichen und kausalen Körpern, die einfache Irrlichter sind, verursacht Verwirrung und Leid.

3. Du verleugnest deine wahre Natur, weil du dich mit dem Körper, den Emotionen und Gedanken identifizierst. Durch die Überlagerungen verkennst du das *zentrale Feuer*, den reinen Schwefel. Wenn du aber dann dieses Feuer wiederfindest, erscheinen dir die Wahrnehmungen, Gedanken und Gefühle nur als Bewegungen des empirischen Verstands, wie Wellen und Kräuselungen des Ozeans, die du festhalten oder auflösen kannst.

4. Gestern warst du glücklich, heute bist du es nicht mehr. – Was ist in dieser Nichtübereinstimmung geschehen? Du hast dem bewusstheitlichen Substrat einfach die Reaktion oder Eigenschaft »Unglück« überlagert; das momentane Ich identifiziert sich mit der Eigenschaft und glaubt, es sei unglücklich, während es sich am Vortag für glücklich hielt.

Wir sind es gewohnt, ein Substrat, das in Wirklichkeit jenseits von Quantität und Qualität oder Eigenschaft ist, mit Attributen auszustatten. Dem Himmel z.B., der in Wirklichkeit farblos ist, geben wir die Farbe-Eigenschaft blau.

5. Das Individuum hat sich seine eigene Wirklichkeit der Dinge geschaffen, Frucht seiner rastlosen Vorstellungskraft. Es *ersinnt* die Welt einmal so und ein anderes Mal anders, aber die zugrundeliegende Wirklichkeit entgleitet ihm dabei.

Es *ersinnt* das Oben, das Unten, das Schöne und das Hässliche, das Gerechte und das Ungerechte, aber die Wirklichkeit bleibt stets verborgen. Erst wenn es aufhört, sich Vorstellungen zu machen und Dinge zu überlagern, kann sich die letzte Wahrheit enthüllen.

Das Wirkliche ist unendlich; es kann nicht in uns – einfachen kontingenten Ich-Wesen – enthalten sein. Wir können uns lediglich von ihm ergreifen und aufsaugen lassen. Das Feuer muss das Feuer verschlingen.

6. Die ewige Gegenwart ist der spezielle Zustand des entstehungslosen Selbst.

Vom Gesichtspunkt des Selbst aus ist das Universum der Namen und Formen ein Sichausdehnen und Sichzusammenziehen, ein Erscheinen und Verschwinden. Durch dieses Gewahrsein versteht man den gesamten Prozess, man erkennt die *Magie* des Daseins und des Nichtdaseins, den Mechanismus dessen, was wir Phänomen oder Erscheinung nennen.

7. Die ewige Gegenwart passt in keinerlei Kategorie der Vergangenheit oder Zukunft; sie ist *hic et nunc* Wirklichkeit. Daher bleibt sie außerhalb jedes mentalen Rahmens. Sie ist unausdrückbar und kann nur verstanden werden, wenn sie verwirklicht wird. Sie ist das Substrat (die Leinwand), aus dem die zahllosen Feuer, die sich langsam verdichten, hervorgehen und in das sie zurückkehren und in dem sie sich auflösen.

8. Wahre Existenz beinhaltet ein Bewusstsein ohne Inhalte und Objekte. So ein Bewusstsein entzieht sich jeglicher Vereigenschaftlichung (Qualifikation), weil es formloses Feuer ist. Am besten kann man sie als tiefen, unaussprechlichen Frieden definieren. Sie ist unser *Gold* im Reinzustand.

9. Um sie zu verwirklichen, müssen die Kategorien des gewöhnlichen Quecksilbers, das heißt alle deformierenden Überlagerungen beseitigt werden. Man muss in einem Zustand tiefer »entspannter Achtsamkeit« und äußerster »Verdünnung« leben, in dem sich die Schatten und Lichter zerstreuen und im Glanz des alles durchdringenden Feuers verschwinden.

10. Der Wiedererwachte kennt weder Geburt noch Tod, weder Ursache noch Wirkung, weder Wachzustand noch Traum oder Tiefschlaf. Der Wiedererwachte ist jenseits von Zeit, Raum und Ursache, weil ihm gelungen ist, alle begrifflichen Über-

lagerungen zu beseitigen und die Identität all dessen zu erkennen, was *wirklich ist*. Aus dieser Perspektive deckt sich das höchste Bewusstsein mit dem Sein.

11. Die Begriffe von Immanenz und Transzendenz, oben und unten, höher und niedriger, profan und heilig, Materie und Geist usw. sind nichts als Überlagerungen des Seins, das *ist*. Wenn all diese mentalen Kategorien beseitigt sind, hat das Individuum keine ideellen Spielzeuge mehr und lebt in einem Zustand der Unwägbarkeit, der beängstigen könnte. Früher oder später werden die Täuschungen jedoch zwangsläufig verschwinden. All das, was zum *saṁsāra*-Drachen gehört, muss transzendiert werden.

12. Außerhalb des unvergänglichen Selbst sind alle anderen Erkenntnisse nichts als Erkenntnisse von »Objekten«. Das Selbst kann nur auf nicht-duale Weise erkannt werden. Das ontologische Wesen enthüllt sich als Wesen, das sich der eigenen Fülle bewusst ist. Das Feuer wird als Kraft erkannt, die löst und bindet. Wir können zwar das Objekt der Erkenntnis erkennen, aber nie das Wesen-an-sich als letztes transzendentes Subjekt. Dieses Subjekt enthüllt sich als selbstausstrahlendes Feuer, da es *causa sui* ist.

13. Wenn das Bewusstsein eines Individuums vollständig auf die absolute Essenz des Feuers gerichtet ist, lässt der Verstand all die endlichen Inhalte der Wahrnehmung los. Die energetische Lebensaktivität orientiert sich neu und das Wesen lebt in seinem Licht aus Glorie alleine weiter.

14. Die Gelehrsamkeit ist gebildete Unwissenheit, ein Irrlicht. Sie überlagert das Wirkliche und verhüllt es ununterbrochen. Aber viele lieben nicht die Wirklichkeit, sondern die Gelehrsamkeit, die die quantistische Beschreibung der veränderlichen Phänomene darstellt.

15. Der Mensch hat den Begriff von Zeit und Raum geschaffen, damit er seinen Körper, sein Haus, seinen Ehrgeiz, seine Auszeichnungen, seinen Ego-Drang nach Macht kristallisieren und fortleben lassen kann. Es existiert aber nur der nackte und essenzielle Widerhall des universalen Klangs, der als *Feuer des Seins* ohne Inhalt, statisches Verharren, Zeit-Raum und Kausalität erschallt.

16. In der prinzipialen Wirklichkeit kannst du die um die eigene Achse rotierende Bewegung finden. Im Werden wirst du nur eine eliptische Übertragungsbewegung und Identifikation mit der Substanz finden. Deine Sehnsucht, das Absolute zu ergreifen, mag, auch wenn sie gerechtfertigt ist, schlecht ausgerichtet sein: Nicht im Wandel kannst du das *unbewegte Zentrum* finden, nicht im Prozess kannst du die Zeit anhalten.

17. Wenn der Verstand in vollkommenem Frieden lebt, wenn das gesamte Bewusstsein nicht durch all deine unterbewussten Schemata überlagert wird, die dich zu Pseudogefühlen und Pseudokenntnissen zwingen, werden deine Schwingungen in Harmonie mit dem Sein sein. Aber wenn der Verstand sein Vorgehen forciert, wirst du dissonante Musik sein, ein Klang, der zertrümmert und niederschlägt.

18. Eine wiederholte mentale Bewegung erzeugt Gewohnheit, und diese führt in Abgrenzung und Gefangenschaft. Man

darf nicht in Gewohnheiten erstarren, die die mentale Elastizität und sogar die Intelligenz verringern. In jedem Augenblick sollten wir für uns selbst sterben. Um das zu realisieren, ist sonnenhaftes Bewusstsein notwendig.

19. Vielleicht erwachst du plötzlich aus der Täuschung des kristallisierten Drachen, durchtränkt von Einsamkeit und Angst, um dich mit der Melodie des universalen Tanzes in Einklang zu bringen, durch den sich die Einzigartigkeit des Klangs in Myriaden von Ereignis-Rhythmen ausbreitet.

20. Wenn wir uns in die leuchtende Schönheit fragender Kinderaugen versenken, empfangen wir Schwingungsströme, auf die wir reagieren können oder auch nicht, je nachdem, ob es uns gelingt, die Überlagerungen aus unserem Bewusstseinsfeld zu räumen.

21. Die Geometrie eines Birkenblatts enthüllt sich durch seine spezifische Anordnung, die von der richtigen Schwingungsbeziehung abhängt, das heißt, von seinem speziellen Tonakkord, der in dem Maß von unserem Bewusstsein erfahren werden kann, in dem wir die Überlagerungen des Verstandes beseitigen können.

22. Wenn wir beim Anblick einer Rosenknospe und ihrer schwingenden zarten Farbenharmonie in Verzückung geraten, genießen wir Einklang, eine Symphonie aus Rhythmen, wirbelnde Schönheit.

Wenn aber Überlagerungen ins Feld des Bewusstseins treten, wird der Zauber zerstört und das Subjekt und das in Gegensatz stehende Objekt tauchen auf.

23. Die Verwirklichung eines Einklangs zwischen den verschiedenen individuellen oder universalen energetischen Bestandteilen (Trieb-Gefühl-Gedanke usw.) bedeutet, ein neues Produkt, einen verklärenden Zustand zu erobern. Es bedeutet, jene Harmonie zu finden, die wahrgenommen, gehört, und in unserem Inneren verstanden werden muss. Denn nur das im Inneren Gelebte hat wahren Wert.

24. Wenn wir Zahl und Tonwert verwirklichen, die in allem schwingen, können wir den Oberton hören, der alles Lebendige durchdringt und dessen Gesetze sich im richtigen Einklang widerspiegeln. Das bedeutet allerdings, alle begrifflichen Rahmen, alle empirischen Überlagerungen zu entfernen.

25. Die wechselseitige Schwingungsbeziehung der Farben, des Dufts und der räumlich-molekularen Geometrie einer Blume ergibt einen symphonischen Einklang, der von unserem Bewusstsein, das zuhört, gelebt werden kann.

Wir können die Liebe und den Einklang zusammen mit dem universalen Leben *schwingen*, weil wir Teil dieses Lebens sind. Der Verstand muss allerdings schweigen, das Unterbewusstsein darf diesen Zauber nicht durch seine Vergangenheit, seine Beurteilung und seinen Missklang überlagern. Das Leben wird weder beurteilt noch in Begriffe gefasst, sondern einfach für das geliebt, was es *ist*. Wenn das Ich aufhört zu agieren, ergreift uns das Leben, und wir enthüllen seine Dimension, seinen Einklang und seine Schönheit.

26. Die Wissenschaft hat nachgewiesen, dass sogar das Atom, das Feuer ist, ins Formlose verschwindet. Wir können diesen formlosen Zustand in dem Maß erleben, in dem wir ihn

nicht mit unserem formalen, zusammengesetzten Feuer überlagern.

Das formlose Feuer ist unser Ziel, denn *wir sind* das Formlose.

27. Das Universum der Namen und Formen ist eine energetische Zusammensetzung, die schwingt und widerhallt. Es zu leben bedeutet noch nicht, in Konflikt zu treten. Der Konflikt taucht erst auf, wenn man es für die absolute Wirklichkeit hält. Dann verwechselt man »die Schlange mit dem Seil«, das Bild oder die Vorstellung mit der Leinwand. Die zahllosen rhythmischen Formen aus Schatten und Licht leuchten auf der *Leinwand* des Unendlichen und erzeugen geometrische Ereignisflammen.

Wer den Unterschied zwischen Schauspiel und Zeugen begriffen hat, steht auf der Schwelle zur Verwirklichung.

28. Das sind die Eigenschaften des Verwirklichten:

> »Nichts besitzt er und dennoch ist er immer zufrieden, ohne Hilfe besitzt er jede Kraft; er genießt die Objekte nicht, bleibt aber stets zufrieden; obwohl ohnegleichen betrachtet er alles und alle mit dem Auge des Gleichmuts.«

> »Obwohl er handelt, bleibt er inaktiv; obwohl er die Früchte der vergangenen Handlungen erfährt, wird er nicht durch sie berührt; obwohl er einen Körper aus Fleisch hat, identifiziert er sich nicht mit ihm; obwohl er begrenzt ist, ist er allgegenwärtig.«[1]

---

[1] Śaṅkara, *Vivekacūḍāmaṇi 543-544, a.a.O.*

29. Auf dem Haupt der Verwirklichten brennt das Zeichen des Feuers. Im Herzen der Verwirklichten lebt ein Kreuz aus Flammen, das nicht brennt.

30. »Es sind zwei, verborgen im Geheimnis des Unendlichen: die Unwissenheit und die Erkenntnis.«[1] Der Wiedererwachte hat beide transzendiert, denn beide sind Überlagerungen der höchsten Wirklichkeit.

31. Wenn du in der Zeit lebst und wirkst, hast du keine metaphysische Sicht auf die Wahrheit. Um aus der Zeit herauszutreten, musst du Demeter mit Essig destillieren und dann Dionysos neu erzeugen; so kann das zeitlose Feuer wieder erstrahlen.

---

[1] *Śvetāśvatara Upaniṣad I, V, 1*

Schmerz-Leid

1. Welche Bedeutung haben Leid und Schmerz?

Sie sind das Symbol eines Irrtums, einer falschen Richtung des Begehrens oder Handelns. Schmerz ist nicht der Irrtum an sich, sondern seine Folge, und als Symbol zeigt er seine exakte Bedeutung in dem Maß, in dem man ihn versteht. Leiden nutzt nichts, wenn man den Irrtum – die Ursache des Leidens – nicht erkennt.

2. Wenn Schmerz die Folge einer irrtümlichen energetischen Richtung ist, bedeutet das Verstehen seiner selbst und aller Dinge das Ende des Schmerzes.

3. Wir haben Kenntnis und Gewahrsein einer Gegebenheit und das Gewahrsein unserer *Reaktion* auf diese Gegebenheit. Die erste Bewegung ist ein einfaches Betrachten und Sichversenken ohne jegliche Bewertung oder Beurteilung: reine Schau. Die zweite Bewegung ist die Wirkung unterbewusster Färbungen: Ansammlung und Erinnerung. Gewöhnlich werden wir von unserer beschreibenden, interpretierenden, emotionalen Reaktion überlistet und geraten außerhalb des wahren Erkennens und Lebens.

Reaktion bedeutet, früher oder später, Konflikt und Leid.

4. Man muss darauf achten, dass man den Schmerz nicht auf den Altar der Hingabe und Verehrung hebt. Der Schmerz

ist – wie die Lust – nur eine Eigenschaft des Ego. Die Wahrheit ist jenseits von Schmerz und Lust. Das Selbst transzendiert jede Dualität.

5. Die Menschheit scheint den Weg des Schmerzes gewählt zu haben, um die letzte Wirklichkeit zu entdecken. In ihrem tiefen Konflikt und zermürbenden Leid wird es ihr allmählich gelingen, das Lebensfeuer, den auflösenden *Schwefel* zu finden.

6. Der Schmerz in Zeit und Raum kann das Bewusstsein austrocknen, aber langsam wird das trockene Terrain feucht werden und dann bereit sein, gute Früchte zu tragen. So bringt die Sonne die Dürre auf die Felder, aber zu gegebener Zeit auch das Wasser des Lebens. Durch richtige Dosierung des Feuers kann die Ursache des Schmerzes aufgelöst werden.

7. Der Verwirklichte leidet nicht und freut sich weder über die Erfahrungen Anderer noch über seine eigenen Erfahrungen. Der Weise grämt sich weder um den Tod Anderer noch um seinen eigenen Tod. Der Befreite *reagiert* nicht, sondern versteht das Fließen der Ereignisse.

8. Um die Ketten des Schmerzes zu sprengen, muss du den reinen Teil des fixen Bleis mit unserem *Lösemittel* verflüchtigen und dein Lebenswasser mit der Kraft des Feuers fixieren. So erhältst du einen vergeistigten Körper und einen verfestigten, fixierten oder verkörperlichten Geist.

9. Zwischen zwei Ideen oder zwei Zuständen (Wachzustand und Traum usw.) existiert die Konstante. Das empirische

Ich ist es jedoch gewohnt, im *diskontinuierlichen* Zeit-Raum zu sein; und es weiß nicht, wie es sich davon lösen kann, weil es die Konstante und Fülle als pure Leere betrachtet.

»Denn die Weisheit dieser Welt ist Torheit vor Gott.«[1]

10. Wenn sich ein Wunsch nicht verwirklicht, ruft das empirische Ich nach Kompensationen, die ihrerseits Dualität sind, also Angst, Lust-Schmerz und Verwirrung.

Wir suchen das Glück, weil unsere innere Natur Glückseligkeit ist. Nur leider suchen wir es in Objekten (Eindrücken, Emotionen, Gedanken usw.), die Konflikt und Verwirrung enthalten.

Früher oder später müssen wir zu der Schlussfolgerung kommen, dass sich die wahre Glückseligkeit nirgendwo anders als in uns, im tiefsten Inneren unseres Herzens befindet. Sie enthüllt sich erst dann, wenn alles schweigt, wenn das Objekt verschwindet und wenn das »Gefäß« verklärt worden ist.

11. Der Schmerz kann das Eis der Isolation sein, das in einen Hochofen der Liebe verwandelt.

Der Schmerz kann der Verlust von allem sein, auf den der Besitz transzendentaler Reichtümer folgt.

Der Schmerz ist die Geißel, die den Wanderer anspornt, den Aufbau des inneren Tempels auf vollkommene Weise zu vollziehen.

Wer den Schmerz besiegt hat, hat jede Begrenzung besiegt; dadurch enthüllt sich das Schöne.

---

[1] Paulus, *Der erste Brief an die Korinther 3,19*

12. Der Tod (auch eines psychischen Inhalts) bedeutet für den »Profanen« Angst und Schmerz, für den Weisen Freude und Befreiung.

13. Wenn sich der Schmerz auf beängstigende Weise in dir niederschlägt, schau ihn an, betrachte ihn, frage ihn; er kann dir eine befreiende Botschaft bringen.

14. Leid ist die Wirkung verlorenen Wohls. Lass dich nicht von Mitleid überwältigen, mach dich ans Werk und nimm wieder auf, was dir gehört. Der Schlüssel, der das Himmelreich öffnet, ist das philosophische Feuer.

15. Das Leiden erreicht alle, die Guten und die Bösen, weil alle irren können. Es gibt keinen Gott, der belohnt oder bestraft, sondern nur das Individuum, das sich dem Schmerz oder dem Glanz des Schönen zuwenden kann.

16. Es ist schön, ein Gesicht zu sehen, das von Tränen überströmt ist, die die Wurzeln der ausstrahlenden Liebe und den Drang, wie ein Adler zu fliegen, benetzen konnten.

17. Die ausstrahlende Liebe ist das Gesetz von Harmonie und Einklang. Der Schmerz und das Leid sind das Erzeugnis einer physischen, psychischen oder spirituellen Disharmonie. Wer wirklich liebt, steht in Einklang mit dem Leben. *Eros* ist die Kraft, die vereint, erhebt und sublimiert.

18. Ein Augenblick der Angst blockiert den gesamten psychophysiologischen Mechanismus, so entstehen Disharmonie und Isolation. Ein Augenblick ausstrahlender Liebe entfesselt

eine Energie, die sich wohltuend, strahlenförmig wie die Speichen einer Radnabe bis an die äußerste Peripherie ausbreitet.

19. Das egozentrische sinnliche Glück isoliert. Der Schmerz vereint und tröstet, wenn er verstanden wird. Der Schüler auf dem Weg zur Wiedererweckung leidet vielleicht, weil er noch egozentrisch ist.

20. Wieviel Leid unter den Menschen, das dennoch in kurzer Zeit beseitigt werden könnte: Es würde genügen, die *richtige* Sichtweise anzunehmen, damit jeder Wert neu festgelegt werden kann.

21. Die großen kosmischen Sphären werden durch Rhythmus und Harmonie geschaffen, die den interstellaren Raum überfluten.

Wie können diese Rhythmen erfasst werden?

Wie kann unser Kontaktträger vorbereitet werden, damit er die Obertöne versteht?

Wie kann unser Bewusstsein umgeschult werden, damit es sich auf den inneren Klang des Seins einstimmen kann?

Der Verstand erzeugt Leid oder Lust, Schmerz oder Freude, Zwietracht oder Harmonie. Mit unserer schwingenden Saite können wir uns und den Anderen rhythmische Chöre oder aber zwieträchtige und schrille Töne anbieten.

22. Die schwingende Saite kann auf verschiedenen Ebenen des Einklangs ertönen. Das Individuum kann seine Schwingungen immer weiter erhöhen, bis es einen Einklang mit den zahllosen universalen Hierarchien erzeugt.

Das menschliche Bewusstsein kann sich mit einer Blume, einem Tier, einer anderen Einheit menschlichen Bewusstseins, mit den Engeln und mit Gott in Einklang bringen.

Es kann sich mit der Freude, dem Schmerz, mit dem Leid, der Angst, mit dem Egoismus und der Liebe in Einklang bringen; abhängig von der Spannung der Saite und von der Art und Weise, wie jenes Bewusstsein schwingt und sich bestimmt.

23. Es ist unvermeidbar, dass sich der Mensch seiner inneren Bewusstseinssaite früher oder später gewahr wird. Die heutige Psychologie macht einen ersten Versuch zur Enthüllung der energetischen, triebhaften, emotionalen und mentalen Bewegungen und Verhaltensweisen.

Langsam wird das Individuum begreifen müssen, dass sein inneres Universum wie das objektive äußere Universum durch Gesetze geregelt ist. Durch das Verstehen dieser Gesetze wird es aus der Knechtschaft von Angst, Schmerz, Leid und Konflikt befreit, ebenso wie es durch die Kenntnis der Gesetze des äußeren Universums aus der Knechtschaft der Bedürfnissse befreit wird.

24. Begreife die Gesetze, die dich regieren. An deinem *Rückgrat* fließen zwei Substanzen: Die eine ist heiß und feurig, die andere wässrig und kalt. Manchmal geschieht es im Verlauf des Werks, dass man entweder die eine oder die andere wahrnimmt (die beide keine rein metallischen oder gewöhnlichen Substanzen sind). Wenn es dir gelingt, diese zwei Substanzen auf den *Boden* deines »hermetischen Gefäßes« zu bringen, verbinden und vermischen sie sich und bereiten jenes philosophische Quecksilber vor, von dem dir oft erzählt worden ist. Durch die Handlung des Feuers erweckt dieses Quecksil-

ber den Stein oder eine dritte Substanz, die – so hell wie hundert Sonnen – sich erhebt, fliegt und dein saturnisches Gefäß in Schönheit und Ausstrahlung verklärt. Wenn Braut und Bräutigam sich begegnen, zeugen sie einen Sohn von herrlicher Schönheit und magischer Stärke.

25. Dieser Sohn nennt sich Wiedererwachter. Er drückt Schwingungseigenschaften aus, die Harmonie erwecken. In einer Welt missklingender Schwingungen können sich Harmonie und Einklang nur in dem Maß enthüllen, in dem die Ausdruckseigenschaften des Individuums in der Lage sind, sich auf Harmonie und Einklang jenes Gloriensohns einzustimmen.

26. Jeder *Avatāra* ist ein machtvoller Rhythmus aus Licht, der auf dem Grund des Unendlichen schwingt. Wer ein geübtes Ohr besitzt, kann diesen Rhythmus noch nach Jahrtausenden hören. Schade, dass das konfliktgeladene Individuum nicht auf die Schönheit des Einklangs achtet. Wir flehen um Harmonie, Gesundheit, Freude usw. ohne daran zu denken, dass diese Eigenschaften in uns, mit uns und um uns herum sind. Wir suchen in der Ferne, was so nahe liegt. Wir sollten daher den »Kontaktmechanismus« neu schulen, damit wir die Sphärenmusik schwingen lassen können.

27. Warum lassen wir diesen Planeten aus Schmerz nicht auf freudige und harmonische Weise schwingen? Niemand hindert uns daran – nur unsere Blindheit, unsere Unwissenheit und unser Stolz. Wir werden erst dann in Gleichklang mit dem Schönen sein, wenn die Stacheln des Hässlichen in uns abgebrochen sind.

28. Das Angezogensein und das Abgestoßensein bindet uns an zahllose Personen und Dinge und macht uns abhängig. Unbewusst oder bewusst denken, fühlen und bewegen wir uns gemäß diesen beiden Schwingungszuständen, und sehr wenig resultiert aus unserer Entscheidungsfreiheit. Angezogensein und Abgestoßensein erzeugen Verzerrungen in unserem »Gefäß« und verändern den Einklang und den richtigen Ton.

Aus einer derartigen gefangennehmenden Dualität heraustreten bedeutet, dem Rhythmus des Lebens auf konkrete Weise, in der richtigen Position und mit aufmerksamem *Herzen* zu lauschen; es bedeutet, dem »Feuerweg« zu folgen.

29. Wir sind fester an die Person gebunden, die wir hassen, als an die Person, die wir lieben. Individuelle Liebe kann in universale Liebe verwandelt werden. Aber Hass in Sympathie und Verständnis umzuwandeln, ist wirklich schwer.

30. Jeder, der in der Lage ist, das Leben auf leidenschaftslose Weise zu betrachten und mit Intelligenz nach der Ursache und den Wirkungen zu suchen, wird verstehen, dass es Anziehung und Abneigung in ihrer grobstofflichen Form sind, die zu einem großen Teil für das menschliche Leid verantwortlich sind. Ohne fixiertes Quecksilber ist man dem psychologischen Dualismus ausgeliefert.

31. Durch die Liebe wird jede mikrokosmische und makrokosmische Bewegung aufrechterhalten. Wenn du dich in das Zentrum des universalen Wirbels begibst, wirst du – wie der Morgenstern – ausstrahlende Liebe sein. Dann rücken Konflikt und Schmerz in weite Ferne für dich.

Das empirische Ich

1. Können wir die Dinge und Ereignisse betrachten, ohne das darstellende Ich dazwischen zu stellen?

Können wir eine Gegebenheit auf direkte Weise betrachten, ohne dass der Verstand eindringt, der sich Vorstellungen macht?

Können wir reines kontemplatives Feuer ohne beschreibendes und vergleichendes Denken sein?

Wenn das empirische Ich in der Beziehung entsteht, stützt es sich auf Erinnerung, Vergleich und Bildung, auf Unterscheidung und Vorstellung von Wirklichkeit anstatt auf die *Wirklichkeit-an-sich*.

2. Das anhäufende Ich errichtet Barrieren und schafft Dualismen, Gegensätze und Abstand. Das Ich ist mentale Schichtung und fokale Rückstrahlung, die das Leben eines Wesens konditionieren kann.

Der Tod des phänomenalen Ich ist der Tod des Schmerzes, die Hochzeit des alchemistischen Schwefels mit dem Quecksilber.

3. Das Ich lebt und setzt sich fort, indem es sich bemitleidet und liebt. Das Ich ist nicht zu reiner Liebe fähig, aber zu wirkungsvollem Magnetismus, weil es so sehr damit beschäftigt ist, Verteidigungs- und Schutzmechanismen aufzubauen. Das Ich sieht nur das Ich, also sich selbst. Die ausstrahlende

Liebe erfordert Erfüllung und Einheit des Bewusstseins. Sie ist die magisch Handelnde, die dir erlaubt, die Phasen des Werks zu erfüllen. Denke daran: Die Liebe bewegt und vereint die Substanzen des *Opus*, der Wille schenkt konzentrierte und entschlossene Kraft, die Intelligenz lenkt in eine weise Richtung.

So kann die Askese durch Transzendierung des Ich glücklich vollendet werden.[1]

4. Das Ich kritisiert und verdammt die Gesellschaft ohne zu merken, dass die Gesellschaft die Summe mehrerer Ich ist. Da es nicht den Mut besitzt, in sich selbst das Elend zu erkennen, projiziert es dieses Elend nach außen und ignoriert dadurch das Grundproblem und die dazugehörige Lösung. Das Ich predigt immer den anderen, nie sich selbst.

5. Die Gegensätze (Ich – Nicht-Ich) sind voneinander abhängig. So wird eine Gegebenheit durch ihr Gegenteil bestimmt. Sie kann nur in der Beziehung bestehen, und all die Daten, die durch Gegenseitigkeit existieren, sind verschiedene Aspekte einer einzigen Wirklichkeit: des Denkens; das bedeutet, dass sie ähnlich sind. Wir können sagen, dass die Gegensätze wechselseitig ineinander enthalten sind. Wenn man sich daher auf einen der Gegensätze stützt, bedeutet das noch nicht, den Bezugsrahmen verlassen zu haben. Wir können schließen, dass der Weg der Gegensätze ein schmerzensreicher Weg ist.

Wenn wir aus der Abhängigkeit der Polaritäten gelangen wollen, müssen wir im *Mittelpunkt* verharren; und das bedeutet,

---

[1] Über diese Art der Askese siehe Raphael, *Jenseits der Illusion des Ich*, Hammelburg 1996

die *Veränderung*, also das Werden aufzulösen und zu transzendieren.

6. Wenn wir sagen, wir wollen uns umformen, müssen wir verstehen, dass es stets das Ich ist, das etwas *begehrt* und plant. Unsere wahre Umformung geschieht, wenn wir aufhören, uns umformen zu wollen und dabei in mentaler Bewegungslosigkeit, in Zeitlosigkeit verharren, jenseits von jedem Begehren und Verursachen.

7. Die Leute nennen Intelligenz, was in Wahrheit nur eine Fähigkeit, eine Virtuosität und Geschicklichkeit des empirischen Ich in irgendeiner menschlichen Tätigkeit ist. Manchmal wird Intelligenz mit demagogischer Schlauheit und Durchtriebenheit des Ich verwechselt. Aber wahre Intelligenz öffnet uns die Tore zum Intelligiblen, zum höchsten Guten.

8. Eine Handlungsweise wohnt dem empirischen Ich inne; sie erzeugt früher oder später Konflikt und Schmerz. Eine andere Handlungsweise geht aus der mentalen Stille hervor und stellt jenes Handeln dar, das am wahrsten, positivsten und harmonischsten ist.

Wenn wir die Welt des gedanklichen Widerspruchs, die Welt des Ich also, transzendiert haben, haben wir auch die bindende Handlung transzendiert. Es ist notwendig, *das Handeln ohne zu handeln* zu enthüllen. Und das kennzeichnet ein Bewusstsein, das den mentalen Mechanismus begriffen und unser *Magnesium* wieder gereinigt hat.

9. Das Ich ertrinkt in der Zeit. Und die Zeit fällt in dem ermatteten Bewusstsein und bringt Beeren aus Tränen und Un-

gleichgewicht hervor. Widme dich der Extraktion des Quecksilbers; es ist der Verkünder des nicht-reflektierten Lichts, das im Zeitlosen wohnt.

10. Beim Wünschen erzeugt das Ich einen Abstand zwischen sich und dem erwünschten Ereignis. Dieser Abstand ist Warten, Werden, Anstrengung, Konflikt und Schmerz.

Im Tod des Ich entdeckt das Wesen, dass es Glückseligkeit ohne Objekt, ohne Abstand, ohne Zeit ist.

11. Man muss zwischen *Sein* und »Dieses oder Jenes sein« unterscheiden; zwischen »Ich bin das, was ich bin« und »Ich bin Dieses oder Jenes«, zwischen einem Sichenthüllen ohne Namen und Form, und einem Leben um eines Namens und einer Form willen. Nur durch einen Akt tiefgründigen Unterscheidens können wir die essenzielle Natur unseres wahren Wesens erkennen.

12. Viele verwechseln Selbstverwirklichung mit Selbstbehauptung oder der Bestätigung des Ich als Individualität. Sie denken, Selbstverwirklichung bedeute, auf egoistische Weise das Ich zu pflegen, an das Ich zu denken, das Ich zu belehren und sich als *Individuum* stets um das Ich zu kümmern; einige tun das in gutem Glauben, andere nicht.

13. Das Ich teilt die Einheit und macht sie bruchstückhaft. Die Selbstverwirklichung stellt die Einheit wieder an ihren richtigen Platz. Alle Dinge lösen sich in der Einheit auf, und die Einheit ist das Ziel aller Dinge, das Ziel des »Feuerwegs«. Es gibt kein höheres Gewahrsein als die Vereinigung von Salz, Quecksilber und Schwefel im unermesslichen Einen ohne Zweitem.

14. Es ist wohl angebracht, immer wieder auf den Unterschied zwischen dem Amalgam-Ich (dem unteren Quaternär) und dem Selbst (dem ontologischen Ich) hinzuweisen, welches das universale Bewusstsein, den *Puruṣa*, den *ātman*, das Sein oder den *noûs* in uns repräsentiert.

Das psychologische Ich ist inflationär. Im Laufe eines Tages präsentieren wir uns mit verschiedenen Ich oder Ich-Sinnen. Unser gesellschaftliches Ich ist nicht das Ich im Büro, das Ich des Büros ist nicht das Ich in der Familie, das Ich der Familie ist nicht das Ich, mit dem wir einen Freund oder eine Freundin treffen usw. Das Ich ist ein Chamäleon, das sich den Umständen entsprechend verkleidet. Zu glauben, dass es Masken des Ich gebe, ist ein Widerspruch in sich. Viel Leid könnte vermieden werden, wenn man dieses gelehrige Chamäleon weniger ernst nehmen würde.

Unser tiefgründigstes höchstes Ich (das Selbst) ist die metaphysische Grundlage des kontingenten empirischen Ich. Und wir – als die letzte und dauerhafte Wirklichkeit – sind dieses unvergängliche, unsterbliche Ich, jenseits von Geburt und Tod. Jeder wahrhaft initiatische Prozess führt zur Verwirklichung dieses höchsten Ich und zum Tod jenes Ich, das im Grunde *nicht ist*.

15. Leben bedeutet handeln, und wenn dieses Handeln Ursache von Verwirrung und Konflikt ist, können wir dann jemals sagen, dass wir wirklich leben?

Um real, also harmonisch zu leben, müssen wir wissen, wie wir handeln sollen. Aber gibt es ein Handeln, das von Eitelkeiten, Unterschieden, Übergriffen, Kompensationen, Wettbewerb, Gier und anderen Unvollkommenheiten dergleichen frei ist?

Es gibt eine Lebenskunst, die *höchste Verwirklichung* verlangt. Wer mit der Harfe des Raums in jedem Augenblick den Ton des Schönen erklingen lässt, ist ein wahres Wesen.

16. Die Gedanken der Menschen sind in *Mein* und *Dein* eingeteilt. Man spricht sogar von *meinem* Gott und *deinem* Gott. Diese Spaltung in Dein und Mein ist die Ursache aller Übel. Erst wenn sich Dein und Mein in *Unser* aufgelöst haben, bricht die Epoche aus Genuss und universalem Einklang an.

17. Der »Ich-Sinn« bezieht jede Erfahrung auf sich (im Sinne eines geteilten und widersprüchlichen Wesens). Aber es gibt keine noch so schöne Erfahrung, die ihm wahre Erfüllung schenken kann.

Das Ich ist die Ansammlung unerfüllter Wünsche. Die wahre Erfüllung kann nicht auf der Ebene des Begehrens stattfinden, sondern nur im Tod dieses Begehrens, also im Tod des psychischen Ich. Es gibt ein Ich, das – wie ein Irrlicht – Erfahrungen im Werden macht, und es gibt ein Feuer bzw. Leben, das sich selbst in seiner Unbedingtheit und Unpersönlichkeit enthüllt. Ersteres ist angesammelte Unwissenheit, das zweite, das sich mit dem Tod des ersten zeigt, ist das wahre Wesen, das *ist*.

18. Nur mit dem Quecksilber der Philosophen kann man das Leben ohne ein konfliktgeladenes und raffgieriges Ich entdecken. Der Bewusstseinszustand ist: in der Welt sein, aber nicht von dieser Welt sein. Frei von Ich sein heißt, sich von allen Attributen, die dem Ich innewohnen, befreit zu haben, und das bedeutet, wahrhaft in Frieden mit sich selbst und daher mit dem ganzen Leben zu sein.

19. Jede *Reaktion* ist die Frucht eines frustrierten Ich, dem in seiner Gier und seiner Schwäche nicht entgegengekommen wird. Jede Reaktion ist Unwissenheit, die beseitigt und aufgelöst werden muss.

20. Wer ohne Reaktion ist, der erlebt den freien Fluss des Lebens, der lebt auf der Ebene der Widerstandslosigkeit, der genießt große Freiheit. Wer jede Reaktion überwunden hat, der hat jeden Widerspruch, jeden Gegensatz transzendiert und das Mein und Dein aufgelöst. Töte daher das gemeine Quecksilber und lasse das unverwesliche Feuer triumphieren.

21. Der Verstand projiziert das Subjekt und das Objekt (das Ich und das Nicht-Ich). Dann will das Subjekt das Objekt erkennen, als wäre es ein anderes Ding.

Bei dieser Jagd nach dem in Bewegung befindlichen Objekt merkt das Subjekt nicht, dass das Objekt nichts anderes als die andere Seite seiner selbst ist. So haben wir den Dieb, der sich als Polizist verkleidet, um den Dieb zu fangen, der er selbst ist. Die Gegensätze sind identisch, weil ihre Matrix identisch ist. Das diskursive, darstellende oder empirische Wissen ist Werden, Prozess, Unwissenheit.

22. Manche Lehren basieren auf der Evolution, ohne sich im Klaren zu sein, dass Evolution Zeit bedeutet. Und die Zeit ist nur eine Erfindung des Ich, weil es das kondensierte Salz fortleben lassen will.

23. Das Ich ist eine mentale Vorstellung, keine Wirklichkeit an sich, und das Bewusstsein, das sich mit ihm identifiziert, verteidigt, beschützt und ernährt es.

Wir werden ununterbrochen durch *Vorstellungen* des mondhaften Quecksilbers angeregt, genötigt und gefesselt. Wir sind in dem Netz gefangen, das wir uns selbst mit der Projektionskraft des mentalen Feuers geknüpft haben. Wer den Prozess versteht, wie man in Gefangenschaft gerät, ist frei.

24. Wir wollen Dieser oder Jener sein, wir wollen Idealen folgen, Träume krönen und vieles mehr. Aber *wer* will Dieser oder Jener sein und der ganze Rest?

Jemand oder etwas, der oder das eben *nicht ist*. Denn wenn dieser Jemand oder dieses Etwas *sein* würde, bräuchte er oder es sich nichts zu wünschen. Das Ich glaubt, weil es nicht ist, es sei *Werden*; daher bewegt es sich und wandert, genötigt durch die eigene Unvollkommenheit.

Das Selbst oder ontologische Ich dagegen bewegt sich nicht, macht keine Erfahrungen und begehrt nicht, weil es *ist*.

Der Vollendete basiert auf der eigenen Vollendung.

25. Wir bekriegen uns untereinander, weil wir uns innerhalb unserer selbst bekriegen. Ordnung, Einklang und Harmonie – Eigenschaften des philosophischen Goldes – können wir erst dann einrichten, wenn das Bewusstsein der Individuen die Harmonie erobert haben wird.

Wer behauptet, Ordnung könne eingerichtet werden, ohne sie zuallererst in den einzelnen Individuen zu verwirklichen, ist weit davon entfernt, die ausschlaggebende Ursache des menschlichen Konflikts begriffen zu haben.

26. Das phänomenale Ich ist ein Bezugspunkt im Werden. Da das Individuum seine Erfahrungen stets auf ein Ich bezieht, hat es dadurch die Kristallisierung eines gespaltenen und rela-

tiven Wesens gefördert, das sich »Ich« nennt. Das Ich ist das momentane Anhaften an Dingen, Ereignissen, am Körper usw. Das »Ich bin dies« von heute ist nicht das »Ich bin dies« von gestern. Das, was dem Bewusstsein des Ich Kontinuität gibt, ist Erinnerung, und die Erinnerung ist Unterbewusstsein und gefangennehmende Verdichtung.

27. Das Ich verwechselt seinen Egoismus und sein Begehren mit der Liebe. Dieses Form-Bild ist im Bewusstsein so beschaffen, dass die Liebe, wenn man von ihr spricht, zwangsläufig auf ein Bedürfnis des eigenen Ich oder anderer Ich bezogen wird. Einem Individuum einen Wunsch erfüllen bedeutet in der Welt des Ich, dieses Individuum zu lieben. Als größte Schwäche des Menschen gegenüber den Anderen gilt die Liebe. Seit Jahrtausenden spricht die Menschheit von Liebe, aber bis heute ist diese Liebe weder entdeckt noch enthüllt worden. Erst wenn dies geschehen ist, kann die Gesellschaft in vollkommenem Einklang und durch eine wahre Anteilnahme des Herzens leben.

28. Liebe ist Einklang mit der Essenz des Lebens. Erst wenn der Mensch in Einheit leben wird, wird er verstehen, dass jedes Atom des Lebens nichts anderes ist, als ein Teil seiner selbst. Diese Erkenntnis zerstört das erwerbsgierige und egoistische Ich und enthüllt den Gleichklang mit dem Schönen.

29. Das Ich sucht Trost, nicht Auflösung; Mitleid, nicht das Gespräch; Gelehrsamkeit, nicht Erkenntnis; Eigenliebe, nicht Verständnis; Ideale, um fortleben zu können, nicht die Stille, welche Weisheit und Erfüllung ist. Der »Feuerweg« be-

inhaltet den Tod des phänomenalen Ich und das Wiedererwachen des vergrabenen Glorienkörpers.

30. Das kondensierte Feuer wird auch durch das *saṁsāra*-Ich gebildet, das Trugbild, das mit seinem Begehren und seinem Hunger nach weltlichen Erfahrungen giert. Das empirische Ich ist zeitliches Bewusstsein.

Das Ich von heute hat ein Gesicht und einen Namen, die nicht mit dem Gesicht und dem Namen einer weiter zurückliegenden Vergangenheit übereinstimmen.

Der Funke des individualisierten Feuers spielt auf der großen Weltenbühne einmal diese und einmal jene Ich-Persönlichkeit.

Die Ich-Persönlichkeit ist ein Widerschein des manifesten Funkens (Seele), der seinerseits ein Widerschein des farblosen Feuers (Selbst) ist.

Wenn wir in das Bewusstsein der Seele auf ihrer Ebene gehen, können wir uns an einige der Ich-Persönlichkeiten erinnern, die wir im Laufe der Zeit gespielt haben. Aber das ist nicht wichtig. Sich der vergangenen Täuschungen bewusst zu werden, bedeutet nicht, das eigentliche existenzielle Problem gelöst zu haben. Die Täuschung erzeugt nichts als Täuschungen, die Zeit führt zwangsläufig in die Zeit.

31. Im oberen Teil enthüllt der »Feuerweg« die Kunst zu *sterben*, sich als Skelett wiederzufinden.

Das wahre Leben entsteht nicht durch den profanen Tod, sondern durch die *ars moriendi*, durch den Tod der Philosophen. Um strahlende Sonne zu sein, muss man sich vorher »zerstoßen« und »verwesen« (*putrefactio*).

Meditation

1. Die verschiedenen Meditationsformen können in zwei Gruppen eingeteilt werden: Meditation mit Objekt oder Samen und Meditation ohne Objekt. Für Aspiranten ist die Meditation mit Objekt leichter und zugänglicher als jene ohne ein Objekt. Man konzentriert sich dabei auf ein entweder konkretes oder abstraktes Meditations- bzw. Kontemplationsobjekt, wie z.B. Christus, Kṛṣṇa, Buddha, das eigene Selbst (als Objekt) oder Liebe, Güte und so weiter. Der Meditierende konzentriert sich dann ganz intensiv auf das von ihm gewählte Bild, bis er mit ihm verschmilzt. So gelangt er in einen Zustand der Einheit.

Die Meditation ohne Objekt ist ein direkter Weg und für diejenigen bestimmt, die zu außergewöhnlicher Abstraktion und Intuition in der Lage sind. Man muss beseitigen, reduzieren, rückschreiten und braucht die Achtsamkeit eines Kenners. Mit dieser Art Meditation gelangt man zur Entdeckung der letzten Natur des Objekts und verwirklicht somit das Nicht-Formale.

2. Die direkten Wege sind nicht notwendigerweise auch die schnellsten, da sie eben sehr schwierig sind; sie verlangen eine ungewöhnliche Art von Verständnis, denn der Verstand hat Schwierigkeiten, seine diskursiven Wahrnehmungsschemata zu verlassen.

3. Der direkte Weg führt uns zur Beseitigung der Beziehung zwischen Subjekt und Objekt und zwischen dem Erfahrenden und dem Erfahrenen. So erlangen wir eine große Stille

(nicht zu verwechseln mit der Leere oder dem Nichts), die tiefe Erfüllung und nicht-duale Präsenz ist.

4. Wahre Meditation transzendiert das Denken; sie ist eine Meditation ohne mentale Aktivität. Die Stille ist eine ewige Sprache, die man hören und verstehen kann. Die Stille ist stumme Beredsamkeit, Enthüllung des Wirklichen, Enthüllung des Feuerprinzips.

5. Zwischen Einatmung und Ausatmung, zwischen Tod und Wiedergeburt, zwischen zwei *manvantara* existiert eine Lücke, die Aufhebung aller Film-Ereignisse, in der sich die Leinwand der Unendlichkeit in all ihrer Helligkeit und Größe offenbart.

6. Jedes wahre Kunstwerk tendiert dazu, sich selbst – als einfaches Objekt – zu beseitigen. Auf diese Weise überlässt es der ihm zugrunde liegenden Wirklichkeit seinen Platz.

Jeder Meditationsinhalt muss das Substrat – die *Konstante* – emportauchen lassen.

7. Wenn die vertikalen und horizontalen Elemente eines architektonischen Werks in vollkommenem Gleichgewicht sind und sich das Oben durch das Unten aufhebt, verliert das Objekt bzw. die Schöpfung seine ganze objekthafte Beteiligung, so dass sich die innere und verborgene Harmonie – das Nicht-Formale – enthüllen kann.

Im psychischen Raum des Menschen enthüllt sich das Nicht-Formale in harmonischer Erhabenheit, wenn die Begierdelosigkeit die gesamte energetische Zusammensetzung ins Gleichgewicht gebracht haben wird.

8. Das höchste Selbst, das ontologische Ich, der Zeuge ohne Geburt und Tod, bleibt ewig gegenwärtig, trotz der endlosen Wandlung der Formen. Nur in Beziehung zum empirischen Ich und zu seinen Vorstellungen und Projektionen scheint es sich zu trüben und nicht mehr zu sein.

Auch die Filmbilder scheinen von alleine fortzubestehen, aber das ist eine Täuschung. Sie können nur erscheinen, wenn eine Leinwand vorhanden ist, auf die sie projiziert werden. Durch die Meditation muss es uns gelingen, alle veränderlichen und endlichen Überlagerungen, die auf der Leinwand erscheinen, zu beseitigen und die Erfüllung des Stoffs zu erlangen, der stets identisch mit sich selbst und Ursprung des Ganzen ist.

Die Vorstellungen oder Projektionen (Körper, Emotionen, Gedanken und die zahllosen grobstofflichen und feinstofflichen Formen) entstehen, wachsen und vergehen: Sie sind das Werden. Die Leinwand (das Selbst) verharrt in ihrer Absolutheit, weil sie *causa sui* ist.

Meditation darf kein Prozess des Ansammelns sein. Sie muss vielmehr ein Prozess des Beseitigens und Loslösens von Raum-Zeit-Ursache sein: So enthüllt sich auf spontane und unschuldige Weise die Konstante in uns.

9. Die Meditation kann folgende Stufen durchlaufen:

– Beseitigung des Objekts (die verschiedenen Vorstellungen auf der Leinwand; das Werden)

– Beseitigung des Subjekts (der Erfahrende der Vorstellungen; das handelnde empirische Ich)

– Identität mit der Leinwand oder dem Selbst (Fülle).

10. Wie können wir das Wirkliche verstehen? Wirklich ist, was ist und nicht wird, was sich selbst enthüllt, was von nichts außer sich selbst abhängig ist. Wirklich ist, was, obgleich es die metaphysische Grundlage dessen, was wird, ist, außerhalb vom Werden bleibt. Wirklich ist, was, obgleich es der Faktor der Ursachenerzeugung ist, unverursacht bleibt.

Wenn das Wirkliche das Werden wäre, könnten wir keine feste Erkenntnis haben, auch keine exakte Wissenschaft, und das Ganze würde sich in Ungewissheit, Bedenken, Entfremdung und Zufälligkeit jeglicher Auffassung, Anschauung und Handlung auflösen.

Das Individuum wäre für alle Ewigkeit in substanzlose Bewegung verstrickt. Wenn alles, das menschliche Wesen inbegriffen, Werden wäre, woher hätte das Wesen dann den Begriff der Konstanten, des Unvergänglichen und des Zeit- und Raumlosen?

11. Die Stille ist die mächtigste Form der Kommunikation. Wenn der einfache Klang, der von den Stimmbändern erzeugt wird, schon recht kräftig ist, wie kräftig mag dann der »stille Überschall« sein, der vom Verwirklichten auf bestimmten Ebenen des Seins erzeugt wird?

12. Wahre Herrlichkeit besteht darin, nicht mehr zu existieren. Um diesen Zustand zu enthüllen, ist es notwendig, sich vollständig und ganz zu opfern.

In so einem Zustand können wir langsam und immer beständiger eine transzendente Kraft spüren, die uns zum zentralen Feuer unserer selbst zieht. Das ist der Anfang der totalen Abstraktion und Auflösung.

13. Die am meisten auflösende Meditationsform ist das Verständnis, der direkte Weg, der ins Zentrum des Seins führt.

Verstehen bedeutet, die Wahrheit bei sich zu haben. Wer versteht, erzeugt Identität mit dem Wirklichen.

14. Verstehen bedeutet, sich aller unterbewusster Inhalte und aller Kristallisierungen des kollektiven Unbewussten vollständig zu entledigen.

Verstehen bedeutet tiefe Achtsamkeit, ruhiges Denken und Intensität der Wahrnehmung ohne Überlagerungen.

15. Verstehen bedeutet, das gesamte Bewusstsein mit der enthüllten Wahrheit zu durchdringen, und das zieht eine Katharsis nach sich. Das wahre Verständnis ist nicht sinnlicher Ordnung. Eine Gegebenheit intellektuell zu erfassen ist etwas anderes, als sie zu *verstehen*. Im Verstehen ist aktive Handlung des Bewusstseins, aufsteigendes Feuer, Synthese und Beherrschung des »inneren Hörens«.

16. In jedem Bewusstseinszustand wird der Zeuge (das Substrat) per Analyse vom Subjekt und vom Objekt der Erkenntnis unterschieden. Das Bewusstsein transzendiert sie beide. Wir sind uns unserer Individualität bewusst, daher können wir sie auch transzendieren.

Da wir aber nicht unterscheiden, heften sich falsche Überlagerungen an das Bewusstsein (an den Zeugen). Um uns von einem Objekt lösen zu können, müssen wir den richtigen fokalen Abstand dazu einnehmen. Wenn wir die Natur des Subjekts und des Objekts verstehen, sind nicht wir es, die sich loslösen, sondern sie; sie verblassen, bis sie vollständig verschwinden.

17. Die Identität mit dem ontologischen Ich ist außerhalb von jedem physischen und mentalen Rahmen oder Ereignis.

Unsere wahre Natur transzendiert all das. Um diese Wahrheit zu begreifen und um sich von der Transzendenz des empirischen Bewusstseins zu überzeugen, muss man sich *befragen*.

Es ist leicht, jemandem mit passivem und trägem Verstand zu Füßen zu sitzen. Es ist schwer zu wissen, wie man sich befragen soll. Das verlangt große Demut, Verhaftungslosigkeit und Forschergeist. Der initiatische Weg ist ein Weg der Verwirklichung des Selbst.

18. Es gibt eine andere immens nützliche Meditation: die des *Gesprächs*. Im wahren Gespräch ist kein Wettstreit, keine Eitelkeit, keine Vergangenheit, kein empirisches Ich.

Im wahren Gespräch ist ganz einfach Suchen, Enthüllen der Wirklichkeit, »Spannung ohne Anstrengung«, Schaffung eines Magnetfeldes, das die Osmose und die Interaktion der Ideen fördert. Diese Art Gespräch besteht auch aus stillen Momenten, aus Warten und Pausen. Das Gespräch zwischen zwei Herzen ist Liebe.

19. Die tiefe Meditation führt zu einer Herabsetzung des Sauerstoffverbrauchs, einem verminderten Kohlendioxidausstoß und zu einer Herabsetzung der Atemfrequenz. EEG-Messungen während der Meditation zeigen Alpha- und Theta-Rhythmen auf. Außerdem steigt der Hautwiderstand, Atemfrequenz und Atemvolumen sinken und der Lactatspiegel im Blut sinkt ebenfalls.

All das und anderes mehr kann, abgesehen von rein spirituellen Resultaten, zu einem enormen Wohlbefinden des Körpers führen. Die Meditation bringt das psychophysische Wesen in einen optimalen Zustand des freien energetischen Austausches und der Harmonisierung des elektromagnetischen Haushalts und der Drüsen.

20. Das Ego existiert nur in Funktion einer Identifikation mit einem Erkenntnisobjekt, und die andauernde Identifikation ist Gewohnheit und Ansammlung, welche die Verwirklichung enorm behindern.

Man kann sich mit einem Gefühl der Sexualität, des Hasses, der Angst usw. identifizieren, aber all diese Gefühle sind nichts anderes als Erkenntnisobjekte, die zur Welt der Dualität und des Werdens gehören. In der mentalen Stille verschwindet jede Dualität. Die Meditation soll uns schrittweise in die Essenz des Feuers führen. In dem Maß, in dem das Quecksilber der Philosophen fixiert wird, schwinden die Kräfte des schwarzen Drachen.

21. Der Körper, der Verstand und all das, was unsere Individualität ausmacht, befinden sich in kontinuierlichem Wandel. *Derjenige*, der diesen ganzen Prozess beobachtet und wahrnimmt, kann nicht von ihm berührt werden, denn wie sollte er ihn ansonsten beobachten und wahrnehmen können?

»Derjenige« ist daher das verkörperlichte Quecksilber, das Bewusstsein oder der *Zeuge* des Denkens, der Gefühle und der Handlungen in Wachzustand, Traum und Tiefschlaf. Jenseits des Werdenprozesses oder jenseits des individualisierten formalen Feuers ist *Das*, stets identisch mit sich selbst und verschieden von Zeit-Raum-Ursache, Ich und Nicht-Ich.

22. Das Feuer der Meditation verbrennt alle Überreste in unserem psychophysischen Raum und bringt den Verstand in harmonischen Einklang mit dem Unendlichen.

Wenn wir uns in tiefer Meditation vor der Schönheit einer Rose befinden, kann sich das Verstandesbewusstsein in Einklang mit der göttlichen archetypischen Schönheit bringen und Regenbögen aus Ewigkeiten genießen.

23. Unsere hermetische Sonne ist hinter einer schlammigen, matten, schwarzen Scheibe verborgen. Mit dem geheimen Handelnden, dem treuen und loyalen Diener des Philosophen, wird sie befeuchtet und zum Zenit erhoben, damit sich die Finsternis zerstreut. Nur auf diese Weise kann das konfliktgeladene Ich vollständig vernichtet werden.

24. Auf welche Weise kann das individuelle Ich die letzte Wirklichkeit sein? Weniger kann nicht mehr sein, der Teil kann nicht das Ganze sein, die Wandlung kann nicht das Unwandelbare sein. So kann das empirische Ich weder das Bewusstsein oder der Zeuge sein noch das Gewahrsein des »Ich bin das, was *ist*«.

25. Man muss wirklich wiedererwacht sein, um verstehen zu können, wie schwer es ist, Anderen die Befreiung näherzubringen.

Viele nähern sich den heiligen Wahrheiten, weil sie auf der Suche nach Sensationen, Kompensationen und ungewöhnlichen Erfahrungen, nach Geheimnissen und weiterem Ansammeln sind.

Um sich zu transzendieren, genügt es nicht, gut und moralisch zu sein; es genügt nicht, zu dienen oder Anhänger zu finden; es erfordert vielmehr zu *sein*. Und wenn man *ist*, antwortet der Raum.

26. Man muss begreifen, dass es weder Objekte-Ereignisse ohne Sinnlichkeit gibt, noch Sinnlichkeit ohne Bewusstsein, weder Subjekt ohne Objekt, noch Objekt ohne Subjekt.

In dem Augenblick, in dem wir etwas tun, sind wir dieses Etwas. Erst danach wird uns bewusst, dass wir gehandelt haben, weshalb das Subjekt *agendi* zum Objekt der Erkenntnis bzw. des Bewusstseins wird. Im Augenblick des Handelns sind wir *eins* mit ihm.

Wir sind also durch das Interesse für das Objekt-Ereignis derart blind, dass wir uns mit ihm identifizieren. Wenn wir in Ruhe darüber nachdenken, sehen wir, dass alle Gegebenheiten und Ereignisse, mit denen wir uns identifiziert haben, keinerlei unabhängige Wirklichkeit haben, da sie wahrgenommen worden sind. Außerdem erscheinen und verschwinden sie ohne Unterlass.

Haben die Gegebenheiten oder Ereignisse des Traums etwa eine vom Träumer unabhängige Wirklichkeit? Da sie einfache Objekte der Wahrnehmung sind, verschwinden sie, sobald der Verstand seine projizierende und wahrnehmende Bewegung anhält. Dieser Zustand ist identisch mit dem Wachzustand.

27. Der Zustand, in dem das Denken aufgehoben ist, bedeutet, frei von Begehren und daher frei von Ansammlung und Erinnerung zu sein.

All das öffnet das Tor zum Zustand der Erfahrung-Nicht-Erfahrung des Selbst, Zeuge ohne Name und ohne Form, ohne Verschiedenartigkeit und ohne Teile. Die Stille ist die Kraft der Fülle.

28. Das Wort »Erfahrung« sollten wir eigentlich gar nicht verwenden, wenn wir uns auf die Identität mit dem Selbst beziehen. Denn Erfahrung bezieht sich stets auf die Subjekt-Objekt-Beziehung.

Wenn wir aber begreifen, dass die höchste Erfahrung nicht in die Kategorien der Objekte fällt, verstehen wir auch, dass die ganze Meditationsarbeit nicht dahin streben darf, Erfahrungen zu sammeln, denn das würde die Dualität verstärken, jene Dualität, die wir hingegen transzendieren wollen.

Die Verwirklichung des Selbst muss vollzogen werden, indem man den Verstand auf das richtige »innere Zuhören« vorbereitet. Wenn alle Objekte aus dem Bewusstseinsfeld weichen, wird das Ereignis erzeugt, die Dualität verschwindet und die Natur des Selbst enthüllt sich.

29. Kraftvolle Meditation ist jenes Werkzeug, mit dem die verschiedenen Feuer koordiniert und in ein einziges Feuer integriert werden, damit das Bewusstsein den Flug des Adlers verwirklichen kann.

30. Der »Feuerweg« studiert nicht Psychologie, er *macht* Psychologie. Daher wird von demjenigen, der die *Kunst* erlernt, Forscherdrang und Pioniergeist verlangt. Das schwefelige Feuer kann sich nur einem Verstand enthüllen, der forscht, der demütig und liebevoll ist.

Der »Feuerweg« studiert nicht Philosophie, er *macht* Philosophie. Daher erfordert er einen philosophischen Verstand. Da all das praktisch gelebt werden muss, anstatt es nur theoretisch aufzunehmen oder zu schematisieren, braucht man dazu eine der seltensten aller Eigenschaften: Man muss *sein* wollen.

31. »... das Gehirn, welches Wasser, das Herz, welches Feuer ist....«[1]

Das Gehirn ist eine Kraft des zentralen Feuers. Im Herzen aus Feuer sitzt jene tiefe Intelligenz, die dich mit dem Universalen vereint, das weder Barrieren noch Zwänge kennt.

---

[1] *Sohar III, 233 b*

Verwirklichung

1. Wir betrachten eine Rose, ihre Blütenblätter, ihre Farbe und klassifizieren sie nach bestimmten botanischen Schemata, aber ihre letzte Wirklichkeit entgeht uns dabei. Um die Rose-an-sich kennen zu lernen, müssen wir uns selbst kennen lernen, denn unsere Essenz ist identisch mit der Essenz der Rose.

Wenn wir unsere Essenz entdeckt haben, werden wir mit der Essenz aller Dinge in Kontakt treten. Das Existente hat eine einzige Essenz und eine endlose Mannigfaltigkeit an Strukturen und Formen.

2. Solange wir denken, dass sich die Freude in den äußeren Objekten-Ereignissen befindet, legen wir – wie eine verzweifelte Flucht nach vorne – unsere Hoffnungen in die zukünftigen Objekte und Ereignisse, das heißt in das Werden.

Wir hängen an der illusorischen Zukunft oder versinken in Erinnerungen an die Vergangenheit oder lassen uns von ihr quälen, wir leben jedoch nie in der Gegenwart. Das Abbrechen der Vorstellungen und Projektionen bedeutet, das Unendliche, den dimensionslosen Punkt zu enthüllen. Für den, der diesen Zustand der Bewegungslosigkeit ausdrückt, existieren weder Vergangenheit noch Zukunft, sondern nur das Zeitlose.

3. Hin und wieder kehre ich zum *Opus* zurück: Denke daran, dass das Feuchte und das Trockene derselben Natur angehören und dass es einen Moment gibt, in dem sich das eine in dem anderen auflöst.

Chokmah und *Binah* des Baums der *Sephiroth* sind Kinder desselben Vaters. Die Feuchtigkeit und das Trockene sind Schwester und Bruder und müssen in einer Phase des *Opus* einen Inzest begehen.

4. Die Zeit ist das Maß für Bewegung, Prozess, Evolution. Von Bewegung sprechen bedeutet daher, von Zeit zu sprechen. Das ewig Gegenwärtige oder Zeitlose bildet das gesamte Vollendete, das, was in seiner unteilbaren Wirklichkeit *ist*.

Das Denken ist Zeit-Prozess-Bewegung, daher verschwindet die Zeit, wenn das Denken aufhört, und das Wesen genießt die Zeitlosigkeit, das heißt sich selbst in seiner Unbedingtheit.

5. Die ganzheitliche Befreiung erlangt man nicht, indem man einfach fastet oder Riten vollzieht, sondern nur mithilfe der Erkenntnis (*Gnosis*), die allein Kausalität, Zeit und Raum auflösen und gleichzeitig jeden eventuellen Rückfall in die Unwissenheit ausschließen kann.

6. Zwischen einer Wahrnehmung und der nächsten, zwischen einer Idee und der folgenden, zwischen einem Lichtquant und dem nächsten existiert das »Kontinuum«, die Aufhebung, die Leere, das heißt das Unendliche. Glücklich ist, wer dieses »Kontinuum« aus Fülle erfassen und leben kann.

7. Die Leere macht uns Angst, weil sie die Negation dessen ist, was wir als körperlich-sinnliche Existenz bezeichnen.

Solange wir nicht aus dem formalen Vorstellungsrahmen treten, wird uns das Nicht-Formale stets als Leere erscheinen, und um nicht in diese Leere zu gelangen, versuchen wir Vorstellungen, das heißt Illusionen zu objektivieren.

Und so verpassen wir die herausragende Gelegenheit, uns als wahres Sein wiederzufinden.

8. Angst, Zweifel, Pessimismus und Kummer verhindern die Enthüllung des Nicht-Formalen. Sie sind Schichten, die wir in Zeit und Raum selbst erzeugt haben.

9. Für das Individuum, das in vollkommener Harmonie mit sich selbst und dem Kosmos lebt, hat die Atmung eine tiefgründige metaphysische Bedeutung. Sie ist das Symbol eines Einklangs, eines Rhythmus, der zwischen ihm und dem Prinzip besteht. Jede Einatmung drückt das Sicherheben zur kosmischen Harmonie aus. Jede Ausatmung ist das Ausstrahlen des Einklangs in das Manifestierte. Jedes Anhalten bedeutet vollständige Hingabe an das Prinzip.

10. Das instabile und in Aufruhr befindliche Gefühl gehört für den metaphysischen *Vedānta* zur Kraft des *rajas*, während Heiterheit und Friede dem Zustand des *sattva* innewohnen. *Sattva* fördert das wahre Unterscheiden zwischen dem Wirklichen und Unwirklichen.

Wer unpersönlich ist, jenseits des Egotismus, hat die Sphäre der Emotionalität vollständig transzendiert: Er ist frei, daher nicht mehr durch persönliche Ansprüche konditioniert und deswegen nun in der Lage, die letzte Wirklichkeit zu enthüllen, die Fülle ist.

11. Demut kennzeichnet den reinen Intellekt, und um zu *verstehen* ist große Demut notwendig. Sie bestimmt das Erleben einer gegenwärtigen Situation, so wie sie ist und nicht so, wie man denkt, dass sie sein müsste. Der Demütige erniedrigt

sich nicht und erhöht sich auch nicht, sondern begreift seinen richtigen Platz in der Ordnung der Dinge.

12. Es gibt drei grundlegende Erfahrungen von Einzigartigkeit:

a) die verwirklichte Identität mit dem Objekt, der Form, dem Schauspiel (alchemistischer Drache)

b) die verwirklichte Identität mit dem Subjekt bzw. dem Erfahrenden (rektifiziertes Quecksilber)

c) die verwirklichte Identität mit dem Substrat der beiden, das heißt mit der absoluten Leinwand, dem Selbst, dem Einen ohne Zweitem (letzter und höchster Schwefel).

13. Es gibt viele Teilwahrheiten und eine absolute Wirklichkeit, die keine zeitlich-räumliche Erfahrung oder Wahrnehmung ist. Um sie erfassen zu können, ist große Stille, Demut und Schwungkraft in Richtung des Nicht-Formalen notwendig.

14. Während das Bewusstsein vom Formalen zum Nicht-Formalen übergeht, kommt eine Dunkelheit auf, die aus dem chaotischen, unklaren Zustand der Elemente stammt. Wenn das Bewusstsein dann jedoch tiefer eindringt, entdeckt es jenes *jungfräuliche Licht* des Geistes, mit dem es alle Dinge erneuern kann.

15. Die verschiedenen Körper des Wesens sind nichts anderes als kristallisierte Formen und Bilder, die von dem mentalen Feuer erzeugt worden sind. Was das mentale Feuer erzeugt hat, kann es auch selber wieder auflösen. So geht man vom

Formalen zum Nicht-Formalen bzw. vom Sinnlichen zum Intelligiblen über.

16. Die *Wirklichkeit* darf nicht mit einem einzelnen Glauben verwechselt werden, denn die Wirklichkeit in ihrer unschuldigen Essenzialität ist stets offen und bereit. In ihr gibt es nur eine Offensichtlichkeit: die reine Existenz.

17. Wer nach der letzten Wirklichkeit strebt, kümmert sich nicht mehr um die Dinge der Welt, weil sie ihm dahinschwindend und sinnlos erscheinen. Er interessiert sich jedoch für die *Konstante*, auf der die Dinge – wie die Farben eines Regenbogens – erscheinen und verschwinden.

18. Wie sollte Derjenige, der nie geboren wurde, der stets identisch mit sich selbst ist und der nie sterben wird, von Geburt, Tod, Knechtschaft und Befreiung reden? Wenn man daher die Kraft und den Schwung hat, sich in *Demjenigen*, der ist, wiederzuerkennen und zu verankern, transzendiert man mit einem Schlag die Welt der Erscheinungen.

19. Die gewöhnlichen Menschen lieben das Geheimnis, nicht das Feuer der Philosophen. Sie lieben Aktivismus, der in ihren Augen stets nützlich und gut ist, nicht die Stille, die formt und Identität herstellt. Sie suchen Verhaltensrichtlinien, aber keine Lehre, die zur Auflösung führt.

20. Im gewöhnlichen Menschen wird das Denken in Funktion des unterbewussten Begehrens gebraucht. Im Wiedererwachten passen sich die Gedanken den jeweiligen Umständen an.

Im gewöhnlichen Menschen projiziert der Verstand unaufhörlich Vorstellungen und Bilder, die Überbleibsel hinterlassen, die ihrerseits das Unterbewusstsein immer mehr vergrößern. Im Wiedererwachten entsteht und vergeht jede Vorstellung und jedes Bild augenblicklich und hinterlässt keinerlei Rest, keinen unterbewussten Inhalt und keine unterbewusste Kraft. Das bedeutet auch, frei von Prozess, Ursache und Wirkung zu sein.

21. Der Verstand als Erkenntniswerkzeug wird solange gebraucht, bis wir das Selbst verwirklichen werden, das im eigenen Licht erstrahlt. Um uns nachts orientieren zu können, brauchen wir das widergespiegelte Licht des Mondes. Welchen Nutzen aber hat dieser bleiche Widerschein, wenn sich das große Sonnenfeuer erhebt?

22. Anstatt Niederknien, passive Hingabe, Aktivismus oder emotionalen Überschwang seines Schülers zu pflegen, versucht der philosophische Weise herauszufinden, inwieweit im Schüler das separative Ich und der verdunkelnde Schleier der Illusion verschwunden sind.

23. Die initiatische Überlieferung stellt keine Anhäufung von Kenntnissen dar, die irgendwelche Geheimnisse lehren wollen, sondern enthüllt denen, die bereit sind, eine Bewegung, die das Bewusstsein revolutioniert, und entzündet ein Feuer, das reinigt, erneuert und verklärt.

24. Die *Form*, die wir betrachten und als Baum definieren, befindet sich nicht in dem Baum, sondern in unserem Verstand, der die Form bzw. das Bild eines jeden wahrgenommenen

Objektes annimmt. Das Bewusstsein identifiziert sich damit und gerät in Gefangenschaft. Wenn der Verstand geschult wird, keine Form mehr anzunehmen, bleibt er ruhig, homogen, undifferenziert, und der Begriff des Ich-Konflikts verschwindet. Dergestalt ist der Verstand wie ein Meer ohne Wellengang, ohne Kräuselungen, ohne Bewegung; er bleibt aufmerksam, in Bereitschaft, leer, ohne Anhäufung und unterbewusste Inhalte, jenseits von Lust-Schmerz.

Dieser von Werden und Knechtschaft derart entleerte Verstand ist nun für den letzten Verwirklichungsschritt bereit. Er braucht jetzt nur noch abzuwarten, dass sich die große Stille einstellt, aber ohne es zu forcieren oder zu wünschen (weil das neue konfliktgeladene Wellen-Formen und weitere Identifikationen erzeugen würde); er muss einfach auf das warten, was – als unabwendbares Gesetz des Seins – mit Sicherheit eintreffen wird.

25. Wieviel Energie wird in das Wünschen gesteckt! Welch außergewöhnliche Kraft ist in der Lage, einen Menschen zu erzeugen, um dann ... von einem vergänglichen Objekt Besitz zu ergreifen. Wenn diese Kraft verwendet werden würde, das Selbst zu verwirklichen, würde Es sich im Nu offenbaren. Aber in seiner gewollten Blindheit erntet das Individuum weiterhin Konflikte und Schmerzen anstatt Glückseligkeit. Es hat Leid und Schmerz auf den Altar erhoben, es hat Furcht und Aufruhr vergöttert und den Kult um das Ich gefördert, das Täuschung und Verwirrung darstellt.

26. Verwirklichung ist heilige Freude, Heiterkeit, die von Liebe durchdrungen ist; göttliche Verhaftungslosigkeit, unermessliche Sanftmut, die den Raum nach den vollkommenen

Geometrien der Akkorde rhythmisiert; Harmonie mit dem gesamten manifesten und nicht-manifesten Leben.

27. Wenn wir ein Mineral, eine Pflanze, ein Tier, einen Stern, einen Planeten, ein hübsches Gesicht oder eine schöne Blume betrachten, wenn wir uns in ein Lächeln oder den Blick eines Kindes versenken, stehen wir einer Harmonie aus Akkorden und Rhythmen gegenüber. Wer diese Wirklichkeit ohne Konditionierungen oder unterbewusste Färbungen aufnimmt, schwingt mit dem Universum, mit dem Leben, mit der Liebe der Philosophen.

28. Was bedeutet es, ein Objekt zu sehen? – Unsere Augen reagieren auf die Lichtschwingungen, die vom Objekt ausgehen. Lass uns in dieser Gemeinschaft aus Akkorden und Rhythmen, in dieser lebendigen Osmose verharren. Wenn der Verstand jene Harmonie aus Glückseligkeit in Begriffe der Form und des Namens umwandelt, wenn er das Fließen des Lebens festhält, ist der Zauber zerstört, und von der pulsierenden und lebendigen Wirklichkeit bleibt nur der schwache begriffliche Widerschein des Verstandes übrig, der nicht in der Lage ist, in Stille zu bleiben und das Ewige zu genießen.

29. Sich im Physikbuch über die Wellenstruktur der Materie zu informieren ist etwas anderes, als sie direkt, ohne irgendeine kristallisierte Begrifflichkeit des Ich, zu erfahren.

Die molekulare Licht-Struktur des Universums zu kennen ist etwas anderes, als den harmonischen Rhythmus des universalen Licht-Teilchens auf bewusste Weise zu erfahren.

Der Zeuge (das Bewusstsein) versteht sofort die Nacktheit, die Noumenalität, die Einheit der verschiedenen Modelle aus

Licht. In diesem Gewahrsein sieht man keine Objekte, die den Sinnen bekannt sind. Man hat die Gewissheit, dass jeder Eindruck, jede Wahrnehmung, jede (auch psychische) Bewegung auf Wellenschwingungen basiert. Man erkennt durch klare Evidenz, dass die alte dreidimensionale Welt, die eine gewisse Festigkeit besaß, nichts anderes als ein Spiel aus Wellen und Rhythmen ist, die den Stoff des Unendlichen überlagern.

Das zusammengesetzte Universum zerlegt sich in Schwingungswellen: Mein, dein, sein lösen sich auf und das Bewusstsein erlebt den universalen Rhythmus des Seins.

30. Potenziell gesehen ist der Meister nicht unentbehrlich, denn die Natur des Selbst durchdringt unser Bewusstsein. Die Verwirklichung erlangt man nicht durch Besitzergreifen. Sie *ist*. In der Praxis aber ist die Gegenwart eines Meisters doch notwendig.

31. Wenn du gehst und dich entschieden hast stehenzubleiben, brauchst du nur stehenzubleiben.

Das Universum der Namen und der Formen ist ein Kontinuum-Diskontinuum, das in jedem Augenblick unterbrochen werden kann. Wisse, dass all die Substanzen und Hilfsmittel des Werks in dir leben und mit dir identisch sind.

Rosengarten

1. Wenn wir ein Objekt betrachten, entsteht eine Verbindung zwischen uns und ihm, die den Ausgangspunkt für die begriffliche Erarbeitung bildet. Wir begegnen also nicht dem Objekt-an-sich, sondern unserem intellektuellen Konstrukt; anders gesagt, wir überlagern das Objekt mit unserer persönlichen Vorstellung von dem Objekt. Was wir Objekt nennen, ist daher das Ergebnis-Erzeugnis unserer Vorstellung.

Das Universum aber ist nicht jenes, welches wir durch sinnliche Vorstellungen konstruiert haben. Wenn der Verstand keine Vorstellungen mehr erzeugt, sondern das Universum in der ihm innewohnenden Wahrheit effektiv *sieht*, taucht unschuldig das helle Feuer der Erkenntnis auf.

2. Denke nicht, dass unsere Vergangenheit nur durch Neugier oder professionellen Hochmut in einem Tag aufgelöst werden kann; dazu ist etwas ganz anderes erforderlich. Das Leben entfesselt sich durch den »Tod«; aber die Mehrheit flieht vor dem »Tod«, weil sie Angst vor ihm hat. Das philosophische Feuer enthüllt sich aber nur demjenigen, der es wagt, die Irrlichter des Urteilens-Äußerns von Meinungen einzuäschern.

3. Die wahre Triebkraft der Kunst ist das *Feuer*. Der Einfluss des Feuers macht die jungfräuliche Substanz nacheinander gasförmig, feurig, flüssig, fest und kann sie demzufolge in den flüssigen, feurigen, gasförmigen und *ākāśa*-Zustand zurückführen.

Die großen Rhythmen der Substanz werden im Inneren des Feuers bewacht. Die alchemistische Materie tanzt kraft des Feuers.

4. Zu Beginn einer Filmvorführung *tritt* der Zuschauer in das Schauspiel *ein*. Am Ende vollzieht er die umgekehrte Bewegung: Er verlässt das Schauspiel (Objekt) wieder und auch den Zuschauer. – Nur durch Rückkehr in sich selbst enthüllt sich das objektlose Bewusstsein.

Das Individuum tritt ein und identifiziert sich mit der Welt der Namen und der Formen, es wird in die kosmische Bewegung (in das Ereignis) verstrickt und von der Dualität mitgerissen. Eines Tages wird es aus dieser Identifikation mit dem Schauspiel-Kosmos heraustreten und seinen Zustand des Einen ohne Zweiten wieder aufnehmen.

5. Die Verwirklichung unterliegt nicht dem Zustand von Zeit und Raum. Nicht indem wir nach Indien, Ägypten, Tibet, nach Norden oder Süden fliehen, können wir sie finden. Sie ist in uns.

Die Zeit hat keinen Einfluss auf die Enthüllung unserer Natur. In jedem Moment können wir – die wir die Konstante, der philosophische Schwefel sind – uns selbst entdecken.

6. Der Mensch sucht nicht nach der Wirklichkeit, sondern nach emotionaler Sicherheit, und wenn er sie nicht erlangen kann, kompensiert er sie.

Der Verstand ist stets auf Objekte gerichtet und erzeugt dadurch Dualität und Konflikte; er ist Gefangener seiner Träume, weil er Vernebelung und Verzerrung erzeugt; er führt in die Knechtschaft, aber auch in die Befreiung.

7. Ein Verstand, der nicht nach dem »Warum« der Dinge fragt, ist unwissend und träge. Lege unaufhörlich Gedanken ab, die nur nach Befriedigung verlangen. Der Verstand ist in anderen Worten Gefangener des alchemistischen Drachen.

Der Verstand, der nach dem »Warum« der Dinge fragt, beginnt das Abenteuer des *Nachforschens*. In dieser Anspannung kann er sich in einem Zustand des Konflikts, der Dualität, des Leidens und manchmal der Entfremdung befinden. Bei seiner verzweifelten Suche spaltet, teilt und zersetzt er sich.

Mit der Zeit, die Jahrtausende dauern kann, lösen sich die Wolken auf, Licht dringt ein und die Wahrheit taucht auf. Dann entdeckt der Verstand in einem Augenblick auflösender Intuition, dass es keine »Warums« gibt. Er entdeckt, dass die Frage nach dem »Warum« der Dinge die Eigenschaft eines Verstandes ist, der die eigene Bewegung noch nicht begriffen hat.

Wenn man diesen Gipfel wiedererwachter Spannung erreicht, erzeugt der Verstand keine Gedanken mehr, dann hat er seine Konditionierungen transzendiert und in der Stille enthüllt sich das Sein in seiner Ipseität.

8. Warum sollte man sich fragen, ob das Ich existiert? Im Grunde ist es stets das Ich, das sich fragt und sich antwortet. Es ist die Schlange, die sich in den Schwanz beißt. Im wahren Leben und Sein können keine Probleme entstehen und es kann weder Fragen noch Antworten oder zu erfahrende Dinge geben, weil der postulierende Ich-Erfahrende ja verschwunden ist.

9. Niemand hindert dich daran, frei zu sein, du aber zwingst dich selbst in Knechtschaft und Abgrenzung. In deiner sentimentalen Schwäche stellst du dir lieber jemand anderen (innerhalb

oder außerhalb von dir) vor, der deine Freiheit behindert; aber denke daran, dieser Jemand bist du.

10. Jede Form (jedes Objekt) besteht aus fünf Elementen: Sein, Bewusstsein, Fülle, Name und Form. Wenn wir den Namen und die Form wegnehmen, bleibt die dreifache Einheit, die aus unverweslichem Feuer erstrahlt.

11. Nur wenn wir die Dinge akzeptieren, erlangen wir Verständnis, und nur das Verständnis erzeugt die Befreiung. Wer sich nicht akzeptiert, betrügt sich selbst. Um die Unwissenheit zu besiegen, muss man sie zuallererst einmal kennen lernen. Wenn du den Drachen, der dich umschlingt, nicht erkennst, kannst du ihn auch nicht bekämpfen.

12. Begib dich in das innere und ungeteilte Zentrum deines Wesens, nachdem du die *Finsternis* in strahlendes *Licht* verwandelt hast. Dann wirst du die Essenz deiner Form und aller Formen, aller Dimensionen und Grade finden. Du wirst, anders gesagt, den Stein der Philosophen finden.

13. Die gesamte Vergangenheit ist in Klänge und Visionen eingeschlossen, sie kann zerlegt und wieder zusammengesetzt werden, der Vollendete aber hat sie vollständig transzendiert.

Ein Gedanke ist Substanz aus geometrischem Feuer, die so lange auf der Leinwand des ursprünglichen Seins bleibt, bis der Traum (das Universum) aufgelöst werden wird.

14. Das Traum-Ich, das in Unvollkommenheit lebt, kann nicht vor seiner Vergangenheit oder Substanz fliehen. Die Vergangenheit verfolgt den Träumenden, so wie der Schatten den

Menschen. Sie verschwindet erst durch die Extraktion des Goldes aus der Höhle – wie Nebel, wenn die Sonne wieder scheint.

15. Der physische Körper des Menschen ist metallisierte Feuer-Energie, aber umformbar und neuformbar. Jede Krankheit kann kraft des leuchtenden Quecksilbers beseitigt werden.

16. Warum suchst du nach Ruhm, Beifall, Zustimmung, Liebe der anderen, emotionaler Sicherheit und Unterscheidung? Warum verdammst du dich dazu, um ein Lächeln, um Freundschaft, Sexualität und Gefälligkeiten zu betteln, während gleichzeitig ein Zustand des Seins existiert, wie jener der Sonne, die aus eigenem Glanze lebt? Warum gibst du dich mit gewöhnlichen Erzeugnissen ab, während in der Tiefe deiner Höhle das reinste Gold erstrahlt?

17. Der Vollendete schart keine Anhänger um sich, er enthüllt sich einfach. Der Verwirklichte gibt keine Urteile ab, da er findet, dass alles an seinem richtigen Platz ist. Der Befreite versucht nicht zu überzeugen, weil er weiß, dass in Zeit und Raum alle Meinungen gelten können.

Wer *ist*, spricht wenig und nur dann, wenn es notwendig ist, weil er weiß, dass Worte das Gold der Philosophen eher ver- als enthüllen.

Der Wiedererwachte lebt in Stille, weil er sich als Bewusstsein in den Zwischenraum oder das Intervall zweier Ideen stellt, also ins Zeit- und Raumlose.

Der Philosoph unserer »Kunst«, der von Anfang an das Ende begriffen hat, weiß, dass jedes Bild, jedes Ereignis zum Ursprung zurückkehrt. Der Philosoph befindet sich auf dem Stift der Waage. Aus dieser Position kann er alle dualen Gegensatzpaare sehen, die kommen und gehen.

Der Befreite betrachtet den Wilden, das Genie, den Heiligen und den Hässlichen mit dem Auge des Gleichmuts.

Der Vollendete sucht und vergleicht nicht, begehrt nicht und lehnt nichts ab, er widerspricht nicht und bestätigt nicht, sondern freut sich und versteht.

18. Warum sollte man sich um die Vergangenheit sorgen? Sie ist nichts als Leere. Warum sollte man sich um die Zukunft sorgen? Sie ist nichts als eine mentale Projektion. Lass uns den fesselnden Drachen töten und im Zeitlosen *sein*.

19. Die Anwesenheit des Zweifels, der Furcht und des Misstrauens zerstört den *Kontakt*, und der Zweifel gehört einem Verstand an, der nicht in der Lage ist zu verstehen.

Die entspannte Achtsamkeit ist quecksilbriges Feuer, und dieses Feuer öffnet alle Tore.

20. Es gibt einen Tempel und viele Altäre. Wir machen uns die Altäre streitig, während sie alle demselben Tempel angehören.

21. Ein Stern erscheint, wächst und explodiert. Er kam aus dem nicht-formalen Feuer und kehrt ins nicht-formale Feuer zurück.

Wir verkünden das nicht-formale Feuer, wir sprechen den *Namen* aus. Und unser Bollwerk wird fallen und uns in voller Freiheit zurücklassen.

22. Für das nicht-formale Feuer ist das Universum der Namen und der Formen Dunkelheit. Für das Universum der Namen und der Formen ist das nicht-formale Feuer Leere.

23. Sind wir fähig, uns über das Nicht-Formale zu äußern, nachdem wir lange Zeit nur an das Formale geglaubt haben?

Wir sind so sehr an die Finsternis gewöhnt, dass wir das Licht des Feuers zurückweisen, das mit dem sinnlichen Auge nicht gesehen werden kann.

Erforderlich sind Mut, Eifer, Stille. Aber das konfliktgeladene Ich ist feige und zieht sich zurück, wenn seine Lieblingsstützen fallen. Wir haben Unsicherheit, Rastlosigkeit und Feigheit projiziert und sind nun ihre Gefangenen. Kühne Philosophen können die Schranken jedoch durchbrechen.

24. Sind wir fähig, alles Bekannte zurückzuweisen? Sind wir fähig loszulassen, was uns nicht gehört? Sind wir fähig, die letzte wissenschaftliche, religiöse oder moralische Wahrheit zu transzendieren? Wenn man den *Abgrund* überschreitet, ist man stets *allein*.

Lassen wir den anderen ihr kleines Ego; sie sind noch nicht bereit, die *Lanze* zu schleudern. Lass uns die Augen schließen und das *Wort* des Seins anstimmen. Nur den Starken weisen die Himmel den Weg. Das war schon immer so.

25. Glaubst du, dass du geboren worden bist und stirbst? Streckst du dich dem Tod entgegen? Lebst du apathisch, weil du den »Weggang« als Balsam für dein Leid erwartest? – Ich muss dir sagen, du wirst niemals sterben, auch wenn du es sehnsüchtig wünschst und hoffst.

Der größte Streich, den dir das Leben spielen kann, dir, der du den Gott des Todes verehrst, ist jener, dass es dich verewigt und ins Zeitlose führt.

In der *wirklichen* Welt ist kein Platz für ein Kommen und Gehen, Geborenwerden und Sterben.

26. Das rebellierende Bewusstsein sprengt die Schranken des Gefängnisses. Lass uns die feurigen *Pfeile* spitzen und auf die Unwissenheit richten, die uns bezwingt. Lass uns unsere *Würde* verkünden, sie wartet seit undenkbaren Zeiten darauf.

27. Die Flamme des glühenden Wollens in uns ist erloschen. So muss das heilige Feuer entzündet werden, das auf den Grundfesten unseres Turmes wohnt. Wenn es entzündet ist, entfesseln sich Blitze der Befreiung und Erfüllung. Wenn der Turm dann eingehüllt ist vom heiligen Feuer, zeichnet sich am Horizont des Lebens eine neue Morgenröte ab.

Lass uns die Morgenröte der Erfüllung, der Schönheit und des befreienden Feuers verkünden.

28. Jeden Tag geschehen Wunder in uns. Aber das Auge sieht sie nicht. Lass uns das *Auge* öffnen, dann werden wir staunen, was in unserem Turme lebt.

29. Die Zeiten sind reif für den Sieg. Die Katastrophe erschreckt uns nicht. Wir müssen das ausnutzen. Das Feuer breitet sich überallhin aus. Einige mögen verbrennen, andere sich umformen, wieder andere können die Unwissenheit und die Knechtschaft einäschern.

30. Das Alte zeigt sich wahrlich als das Neueste.

Was der Mensch als neu erscheinen lassen will, ist nichts anderes als die Wiederholung der Vergangenheit, unterbewusste Kristallisation. Das wirklich Neue ist das, was stets existiert hat und stets existieren wird: die ewige Gegenwart.

Die wahre Neuheit hat ihren Sitz im *Prinzip*, und das Prinzip ist in den Augen der individuellen Seelen etwas Neues, auch wenn es *vor* allen Dingen ist. Wenn wir diesem Prinzip einen Körper geben wollen, müssen wir es als *Urüberlieferung* definieren, die, da sie ohne Alter ist, stets neu bleibt.

31. Sind wir bereit für die Schlacht? Sehen wir den quadratischen Turm? Haben wir die *Schilde* erhoben und das zum Pfeil gespitzte Feuer? Dann lass uns die Schilde nach vorne bringen und den Pfeil abschießen.

Das Schwarze darf man nicht fürchten, das Weiße sei überwunden, die Röte umarmt.

Kühnheit

1. Du hast Angst vor dem »Tod« der Philosophen, weil du die Scheußlichkeit des schuppigen Drachen noch nicht verstanden hast. An dem Tag, an dem du es wagen wirst, den Schleier deines Trugbilds aus Unglück zu zerreißen, wirst du das Schwert der auflösenden Kühnheit ergreifen und jenes Feuer suchen, welches das gefangennehmende feige Metall zersetzt.

2. Ich gebe dir die Schlüssel, welche die Tore des *Tempels* öffnen: In *ihm* findest du das erneuernde Feuer, das dich so groß wie das Geschaffene macht, und das flammende Schwert, um die Finsternis, die dich einschließt, zu bekämpfen, sowie die höchste strahlende und dauerhafte Wahrheit.

3. Steh auf! Dein Gedanke sei Pfeil. Zerreiße die Einsamkeit, die verwelkt. Zertrümmere den Turm, der deine Trugbilder einschließt. Lass Feuerblitze hervorschießen. In dir ist formende Kraft. Errichte blaue Reiche mit dem rektifizierten *Magnesium*.

4. Nähere dich den majestätischen Gipfeln der Reinheit. Die Bergluft singt, um deine Mühen zu preisen. Denke daran, dein Schicksal ist es, dich als ewiges Feuer wiederzuerkennen. Entdecke das Symbol des Schönen, das nicht verfällt.

5. Betrache diese Worte nicht als einen poetischen Erguss. Es ist keine Zeit für Müßiggang. Lebe mit dem philosophischen

Schwefel die Botschaft des Einklangs und enthülle das Wunder der Harmonie im Leben. Der Raum antwortet dem, der auf den Saiten des Liebesintellekts zu spielen weiß.

6. Wenn du in deinem Nichtleben denkst, ich schreibe, um dich mit ideellen Spielereien abzuspeisen, täuschst du dich.

Häufe keine weiteren Illusionen an, die dir die Schönheit des Weges verschleiern. Auf der Ebene des Wiedererwachens ist jedes Wort Überbringer einer fruchtbaren Botschaft.

7. Wahrscheinlich wünscht sich dein Verstand Begriffe, weitschweifige Dialektik und Argumentationskraft, um zu überzeugen und systematisch zu ordnen, aber all das fördert lediglich das Fortleben deines empirischen Ich.

Begreife das bohrende Gespräch aus Blitzen und Schlägen. Die Idee reist auf Strahlen aus Feuer.

Lasse das weitschweifige und diskursive Denken los und mach dem reinen Quecksilber die Tore weit auf.

Der »Feuerweg« wird nicht studiert, sondern durch den Blitz der Intuition, das Verständnis des Herzens und die Unmittelbarkeit des Bewusstseins erfasst.

Zum »Sterben« braucht man keine einlullenden Gespräche.

8. Der Trieb sucht Befriedigung, das Gefühl Entladung, der Verstand simple systematische Kenntnisse. Der »Feuerweg« lebt nicht von mentalen Darstellungen, er *konzipiert* nicht die Wirklichkeit, er ist kein Zeitvertreib für das begierdevolle Ich, sondern nähert sich mit dem Beben des umformenden Feuers dem Gold der Philosophen.

Die Erkenntnis ist ein Blitz, der die weinenden Nebel teilt: Wer die Augen schließt, kann den auflösenden Wirbelsturm nicht erfassen.

Die Ideen sind ebenfalls ein Sturm aus Klängen: Wer die Ohren schließt, verliert den Oberton, der das Blau des Raums offenbart.

9. Wozu musst du dich mit dem, was du gewesen bist, und mit dem, was du sein wirst, beschäftigen? Lerne, das zu sein, was du jetzt bist. Entzünde »unser Feuer« und erhebe es zur Königskrone.

10. Das selektive Denken ist Werden und Prozess, Zeit. Deine Lösung liegt nicht in der Zeitlichkeit. Das selektive Denken transzendieren bedeutet, den Turm aus »Salz« niederzureißen, dein Trugbild, deine Ketten – die Ursache deines Leids.

11. Freund, das diskursive Denken bringt dich in Verzug und zu langen Aufstiegen, die dich ermüden. Wisse, dass dein Traum-Ich nur eines braucht: eine Grabinschrift.

12. Vielleicht benötigst du profane Ideale. Vielleicht dürstest du nach esoterischen *Kenntnissen* oder okkulten Kräften. Vielleicht hast du es nötig, politisch und professionell aktiv zu sein. Aber denke daran: Eines Tages wirst du an eine Abzweigung kommen und deine Individualität wird sich auflösen müssen.

Erst dann wirst du zur Schau des Schönen, Guten und des unteilbaren Einen wiedererwachen.

13. Vielleicht bist du in deinem ganzen Leben in esoterischen oder spirituellen Kreisen herumgezogen. Vielleicht hast du lange Zeit nichts anderes getan, als über Verwirklichung

und Befreiung von den Unvollkommenheiten zu reden. Vielleicht hast du verzweifelt versucht, die anderen vom Wert der letzen Wahrheit zu überzeugen. Vielleicht hast du an deinem gelehrten Gedächtnis Gefallen gefunden. Vielleicht hat sich dein Streben darin erschöpft, gedrucktes Papier zu gestalten. Aber denke daran: Der Tag wird kommen, an dem dein umherirrendes, verführerisches und eitles Ich mit dem zersetzenden *Pfeil* angegriffen werden muss.

14. Die Vorstellungen haben dich in Knechtschaft gebracht, das Unterscheidungsvermögen wird dich auf den *Weg* bringen. Das Nachlassen des Denkens wird dich jenseits dieses Weges führen.

15. »Was du jenseits des Rechten und Unrechten schaust, jenseits des Geschaffenen (der Welt) und des Ungeschaffenen, jenseits der Vergangenheit und der Zukunft, nennt sich *Das*.«[1]

16. Viele begehren, Wenige wollen und nur Einige wagen zu *sein*. Der »Feuerweg« ist nur für einige Wenige: für qualifizierte Philosophen.

17. Wenn du Angst hast, lebst du nicht in Einklang. Wenn du die Toten beweinst, hast du nicht verstanden. Wenn du Gefangener der Identifikation bist, enthüllst du nicht den Archetypen des Schönen. Wenn deine Augen nicht vor Glückseligkeit strahlen, verbrennst du das alldurchdringende Feuer nicht.

---

[1] *Kaṭha Upaniṣad I, II, 14*

18. Zwischen deinem empirischen Ich und dem Universalen ist der »Tod«. Wenn du keinen Mut aufbringst, übermannt dich deine Vergangenheit. Wenn du keine Kühnheit aufbringst, umschlingt dich die metaphysische Unwissenheit oder *avidyā*. Wenn du nicht sonnengleich bist, überwältigt dich der *Drache*. Der »Feuerweg« ist nicht für Ängstliche.

19. Wenn sie dich mit Eitelkeit, Reichtümern oder Macht verführen, schließe die Tore deines Tempels. Es ist keine Zeit, die Zelte aufzuschlagen. Die Nacht könnte dich überraschen.

20. Schau mich an, breite deine Flügel aus und lasse den Schmerz und die Trugbilder los, die du bis heute so sehr geliebt hast. Eine neue Siegeshymne nähert sich, *Kühnheit* und *Eifer* sind die Schritte beim Aufstieg.

21. Die Gewalt gehört den Schwachen, die Ruhe den Starken. Das Universale ist nicht für die Schwachen. Bewaffne dich mit dem Schild der Geduld und erobere die *Würde*, die dir erlaubt, die Tore der Sinne zu bekämpfen.

22. Bist du schwach? – Komm.
Ich werde deine Tränen trocknen aus rotem Blut. Mit Ecksteinen werde ich deinen Tempel aus Licht wieder errichten. Ich werde deine mit Schlamm verkrusteten Füße waschen. Freue dich, o Gebenedeiter, und ergreife das Symbol des Schönen. Mein Feuer wird dich von der Erde erheben.

23. Wer liebt, wagt, und wer wagt, gewinnt. Die Revolution ist nicht für den, der in Stumpfheit lebt. Der Sieg ist nicht für die Unsicheren, der Ruhm schwebt über den Kühnen.

24. Zögere nicht, der Zweifel gehört dem bedürftigen Ich. Das Eros-Feuer wird dir die Gewissheit des Ewigen geben. Die Erkenntnis wird dir Flügel verleihen, um den Abgrund zu überwinden.

Ich liebe die Furchtlosen, die ins Unendliche zielen.

25. Bist du lethargisch? Bald wird dich der Donner rütteln. Aber wahrscheinlich ist es zu spät, bis du dich erhebst und deine Trägheit und Passivität überwindest.

26. Stärke dein Streben nach Vollkommenheit, genieße die Anschauung, die dir der Weg bietet, und richte deine Augen auf den Gipfel, aber denke nicht daran, stehenzubleiben: Die Macht der Finsternis könnte dich ängstigen.

27. Viel Unheil geht auf die Erde nieder. Die Keimlinge müssen mit den Tränen unserer Irrtümer benetzt und mit dem Pferch unserer Kadaver gedüngt werden.

28. Du hast mich gerufen. Ich bin gekommen und dennoch verschließt du dein Herz. Auf dem Weg ist die Neugierde die Schmiedepresse des Schmerzes, der Betrug zieht das Schwert des Kummers an.

29. Wenn du das Universale liebst, erlerne die Kunst, lebend zu sterben. Wenn du dich nach dem ewigen Feuer sehnst, muss du für das Kontingente erlöschen. Wenn du ins Unendliche fliegen willst, musst du dir Flügel anlegen und vom Boden abheben, der dich bezwingt.

30. Lass die sinnliche Welt sich die Zeit vertreiben mit ihren Spielen. Verspäte dich nicht. Deine Reife verlangt einen neuen Rhythmus, einen neuen Einklang, eine neue Musik, damit deine Existenz Frieden finden kann.

31. Der Sonnenuntergang naht und der Hirte ruft seine Herde zu neuem Weideland, einem neuen Morgen. Sei nicht achtlos, lockere deine Kiefer und lass die Beute los; sie ist nichts mehr für dich. Pass auf, dass dich die Finsternis nicht ereilt auf dem *Weg*.

Im ersten Teil werden Ursachen
von Verwirrungen,
Schwächen und Leiden erforscht.
Im zweiten Teil widmet sich
Raphael dem „Feuerweg“,
dem Weg zum wahren Selbst.

Raphael offenbart in diesem Werk
Wesen und Essenz der
verschiedenen Yoga-Wege,
unter denen der Anwärter
entsprechend seiner Berufung
und Haltung auswählen kann.

Raphael: **Die Quellen des Lebens** – Fragen und Antworten auf dem Weg zu ewiger Glückseligkeit | 190 Seiten | ISBN 3-933496-32-2

Raphael: **Yoga** – Initiationswege zum Transzendenten | 135 Seiten | ISBN 3-933496-02-0

J. Kamphausen

„Tat Tvam Asi“ ist einer der großen vedischen Leitsätze und bedeutet „Das bist du“.
Der westliche Advaita-Lehrer Raphael führt in diesem Buch ein Verwirklichungsgespräch mit einem Schüler, der hier seine wahre Seinsnatur erkennt.

In diesem Buch stellt Raphael die Grundlagen des Advaita Vedanta vor, Ergebnisse seines 40jährigen intensiven Studiums.
Nichts für Anfänger – aber ein Füllhorn für den Fortgeschrittenen!

Raphael: **Tat Tvam Asi** – Das bist du | 177 Seiten | ISBN 3-933496-48-9

Raphael: **Advaita Vedanta** – Der Weg der Nicht-Dualität | 150 Seiten | ISBN 3-933496-36-5

www.weltinnenraum.de